추천의 글 (가나다 순)

과학을 좋아하는 소년 소녀는 많은 꿈을 꾼다. 생명과학자나 의사가 되겠다, 인간형 로봇을 만들겠다, 우주선이나 심해잠수함을 만들어 미지의 장소에 가 보겠다 등등. 그러나 이 책의 주인공은 그보다 먼저 '왜 그걸 연구해야 하나'를 고민했다. 결론은 '이웃을 먼저 생각하는 과학'이었다. 과학과 디자인을 좋아하던 소녀는 자연스럽게 더 나은 세상을 만들고 싶은 적정기술을 만났고 열정적으로 '탐하게' 됐다. 이 책은 아직 어리지만 가슴은 어른보다 훨씬 따뜻한 한 소녀의 성장기다.

어려서부터 유달리 호기심이 많던 소녀는 중학교 1학년 시절, 한 대학교수를 만난다. 그가 소녀에게 처음 던진 질문은 "여러분은 누구의 이웃이 되어 주고 있습니까?"였다. 그리고 아프리카 어린이를 위한 굴리는 물통, 과일을 신선하게 저장해 주는 항아리 등을 보여 준다. 소녀는 "순간 내 머릿속이 환하게 밝아 오는 듯했다"고 고백한다. 그때부터 적정기술을 자신의 비전으로 정한 소녀의 여행이 시작된다.

하지만 이 책은 적정기술에 대한 소개서가 아니다. 소녀가 자신의 꿈을 발견하고 발전시켜 가는 과정을 따라가다 보면 많은 친구들이 자신의 꿈도 찾을 수 있을 것이다. 어른들이 강요한 꿈도, 입시전문가가 만들어 준 멋진 스펙도 아니다. 소녀는 그저 자신의 마음이 향하는 곳을 열심히 걸어갔을 뿐이다. 더구나 또래 아이가 쓴 이야기는 더 생생하게 가슴에 와 닿는다. 소녀의 진솔하면서도 따뜻한 마음이 그대로 전달되기 때문일 것이다. 지금 자신의 꿈에 대해 고민하고 있다면, 지금 이 소녀를 만나 보기를.

김상연 과학동아 편집장

중앙기독중학교의 많은 아이들은 늦은 시간까지 학교에 남습니다. 사교육도 마다한 채 선생님들, 친구들과 한 몸이 되어 서로 물어보고, 가르쳐 주며, 격려하며 공부와 씨름하지요. 그런 저희 중앙기독학교가 자랑하는 아름다운 배움의 공동체에 가면 유독 눈에 띄는 친구 하나가 있었습니다. 언제나 교무실 앞에서 질문 공세를 퍼부으며 선생님들로 하여금 즐거운 비명을 지르게 하는가 하면, 후배들의 모자란 부분을 채워 주기 위해 멘토를 자청하고, 첼로 연주나 주제 발표 등으로 각종 행사 때면 빠짐없이 등장해 스스로 가진 달란트를 맘껏 뽐냈지요. 100미터 밖에서도 조르르 달려와 온 얼굴에 미소를 머금고 인사를 하던 아이. 승연이를 세상 밖으로 파송한 지가 엊그제 같은데,

얼마 전 '적정기술'에 관한 책을 낸다고 인사를 왔습니다. 소외된 이웃을 섬기는 따뜻한 기술에 관한 승연이의 비전을 담았다고 합니다.

부와 명예보다, 내가 아닌 '이웃'을 향하고 싶다는 승연이의 꿈, 그 꿈을 위해 적정기술 공학디자이너가 되겠다는 승연이의 귀한 노력의 과정에서 하나님의 사랑을 발견합니다. '세상을 섬기고 보듬어야 할 넓은 무대로 바라보고, 그 안에서 세상의 약하고 부족한 부분을 메우는 진정한 능력자가 되고 싶다'는 승연이의 소망이 큰 나무처럼 자라고 자라, 소외된 이웃을 돕는 축복의 통로가 되기를 소망합니다.

김요셉 중앙기독학교 교목. 『삶으로 가르치는 것만 남는다』 저자

호기심 가득한 커다란 눈망울, 농구공같이 통통 튈 것 같은 성격과 지갑 같은 걸 잘 잃어버릴 것 같은 행동양식을 가진, 자칭 '적정기술 꿈나무'인 한 여학생이 몽골로 향하는 나의 적정기술 여행에 동행했다. 적정기술 꿈나무의 이름은 조승연. 이 녀석 어디선가 본 듯하다. "적정기술로 따뜻한 세상을…"을 모토로 활동하는 (사)나눔과기술의 행사를 졸졸 따라다니던 바로 그 녀석이다. 포항공대 J 교수의 거부할 수 없는 은근 추천으로 그녀는 나의 공적 여행에 따라붙었다. 이번 공무수행 여행에서 승연이는 나의 수행비서와 딸 역할을 맡기로 했다. 이 자그마한 녀석, 몽골대학 총장과 만나는 공식 석상에서 비밀노트에 무엇인가 열심히 적었다. 몽골의 천막가옥인 게르와 빈민봉사 활동지에서는 관계자들에게 이것저것 열심히 묻고, 연신 사진을 찍어 대며 적정기술 현장에 도취되어 있었다. 그리고 귀국하고 얼마가 지나서 자신이 적정기술을 주제로 책을 썼다며 추천사를 부탁했다.

"어느새 책을? 그리고 추천사? 어디 읽어 보고 잘 썼으면 한 줄 적어 줄까?" 첫 장부터 읽어가는데 이 녀석 글 솜씨가 보통이 아니다. 적정기술의 시작과 의미, 적정기술로 만드는 따뜻한 세상 등 자신의 눈높이에서 본 적정기술의 세상을 나름대로 잘 정리했다. (사)나눔과기술이 쌓아 놓은 적정기술 비법을 대충 다 익힌 것 같은 폼으로 적정기술 역사와 적정기술 꿈나무로서의 생각을 써 내려가고 있었다. 그동안 (사)나눔과기술의 행사에 주기적으로 나타나더니 어느새 내공이 이 정도가 되었다. 나는 원고를 손에 잡고 한순간에 다 읽어 내려갔다. 그리고 추천사를 썼다. "이 책은 대한민국의 미래인 청소년들이 반드시 읽어야 할 필독서입니다."

김찬중 (사)나눔과기술 공동대표. 코이카 과학기술전문위원. 『36.5도의 과학 기술, 적정기술』, 『적정기술, 현대문명에 길을 묻다』 저자

『소녀, 적정기술을 탐하다』는 땅꼬마 14살 승연이에게(처음 적정기술을 만난 나이가 14살이라죠!) 내재되어 있는 글쟁이 끼가, 적정기술이라는 순수한 호기심의 밭을 만나 싹을 틔우고 자라나는 성장 이야기입니다. 읽는 내내 어린 시절의 나는 어땠을까를 생각하느라 진도가 나가질 않았습니다. 승연이의 적정기술처럼 나도 삶의 빛과 같은 그 무엇인가를 만난 적이 있었나를 곰곰이 생각해 보기도 했습니다. 41, 숫자를 뒤집으면 14. 14살의 소녀가 41살인 저를 참 오랫동안 사색하게 만들었습니다. 똑같이 적정기술 속에 살고 있다는 동질감 속으로도 초대하였습니다. 참 신기합니다. 관찰 이야기인 것만 같은데 어린 시절로 이끌린다는 게. 승연이의 아름다운 성장이 마치 우리 모두의 아름다운 성장이 될 것 같아 더욱 신기합니다. 긴 여운을 남기는 책입니다.

성숙경 국경없는과학기술자회 간사

"학생과 선생의 가장 중요한 차이가 뭔지 알아?"
유머를 좋아하시는 한 선배 교수는 이렇게 묻고 대답은 들을 필요도 없다는 듯 혼자 답하곤 했다. "가르침이지. 학생들은 그렇게 가르침대로 살아야지만, 선생은 꼭 그리 살 필요는 없거든."
참 편한 생각이다…. 하지만, 그래도 부정할 수 없는 뜨끔한 진실은 '삶으로 살아 내는 것만큼 설득력 있는 가르침은 없다'는 것이다.
이런저런 일이 이렇고 저러하다느니, 이리로 저리로 가는 것이 옳네 그르네 가르치다가 보면, 필경, 내 속에 이는 고약한 질문이 발목을 잡는다.
"넌 네가 가르치는 삶을 살아 내고 있니?"

『소녀, 적정기술을 탐하다』가 드디어 세상에 나왔다. 참 기막힌 책이다. 난 그저 적정기술이란 것은 이런 것이다, 고만조만하다 말로만 '가르쳤을' 뿐인데, 승연이가 그 삶을 살아 내고 있다니 말이다. 콧김 폴폴 내뿜으며 궁금증을 쏟아 내고, 컨퍼런스 강연회를 찾아다니고, 언제나 나의 메일함 한쪽을 차지하며 시시콜콜 질문을 쏟아 내더니, 책까지 낸단다. 나의 소소한 가르침을 이렇게 근사하게 키워 내다니. 그래, 이 재미다. 선생으로 사는 즐거움….

종종 책에서 받는 도전에 화가 날 때가 있다.
저자가 던지는 도전 뒤에 '난 이렇게 했노라'는 자랑이 보일 때 그렇다.

하지만, 이 책은 다르다. 이 책에 담긴 도전들은 모두 문자 그대로 '귀요미'다. '자기 사랑'에 빠진 시대 풍조 속에서 타인을 향한 배려를 외치고 있기 때문이다. 이 책엔 모든 독자들을 향한 정중한 초대가 있고 그 길을 따라나서려는 사람들을 위한 자상한 안내가 있다.

나도 이런 책 하나 쓸 수 있다면 좋겠다. 내가 승연이에게 적정기술을 처음 가르쳐 줬다니, 부끄럽다. 그래서, 옛 어른들이 청출어람이라 했다. 뭘 더 바라겠는가?

장수영 (사)나눔과기술 공동대표, 포항공과대학교 산업경영학과 교수

조승연 학생을 처음 만나게 된 것은 유엔환경계획 툰자 세계청소년환경회의 한국위원회 1기로 활동하면서였습니다. 평소 훌륭하고 멋진 중고등학생들을 많이 만나 봤지만, 이처럼 열정적인 학생은 드문 것 같습니다. 특히나 마인드가 굉장히 긍정적인 것에 놀랐습니다.

이 책의 키워드는 적정기술, 나눔, 과학기술, 꿈이라 할 수 있습니다. 이 책은 평소 어렵게만 느껴졌던 적정기술이 우리 삶 바로 가까이에 있다는 것, 누구나 쉽게 다가갈 수 있다는 것을 보여 줍니다. 거기에다, 승연 학생만의 공부비법까지 알 수 있어 학생이라면 값진 참고가 될 수 있을 것입니다.

한지희 유엔환경계획 한국위원회 교육팀장

이 책은 호기심 많고 책 읽기를 좋아하며 적극적인 성격을 지닌 어느 여중생이 우연한 기회에 '적정기술'이란 개념을 접하고 벌이는 '좌충우돌 분투기'이다. 적정기술은 '인간의 얼굴을 한 기술(Technology with a Human Face)'이라는 별칭에서도 알 수 있듯이 '인간 중심의 기술'이다. 이는 청소년들을 세상의 다양한 문제를 창의적으로 해결하는 '인간중심 문제해결자(Human Centered Problem Solvers)'로 양성하는 데 있어서 맥락적 배경을 제공할 수 있다. 저자는 본인의 적극성에 대한 선물로서 '대학생 대상 적정기술 아카데미 참여', '몽골 적정기술 현장 참관', '원하는 상급학교 진학' 등의 행운도 누리게 된다. 하지만 저자가 책에서 언급하였듯이 저자의 '적정기술 여정'은 아직 완성되지 않은 현재 진행형이다. 이것이 앞으로 저자의 활동상에 대해서 더 기대를 갖게 하는 이유이다.

홍성욱 적정기술미래포럼 대표, 한밭대학교 화학공학과 교수, 『적정기술이란 무엇인가』 저자

소녀, 적정기술을 탐하다

초판 1쇄 펴냄 2013년 9월 25일
　　23쇄 펴냄 2024년 8월 30일

지은이 조승연

펴낸이 고영은 박미숙
펴낸곳 뜨인돌출판(주) | 출판등록 1994.10.11.(제406-251002011000185호)
주소 10881 경기도 파주시 회동길 337-9
홈페이지 www.ddstone.com | 블로그 blog.naver.com/ddstone1994
페이스북 www.facebook.com/ddstone1994 | 인스타그램 @ddstone_books
대표전화 02-337-5252 | 팩스 031-947-5868

ⓒ 2013 조승연

ISBN 978-89-5807-465-6 03810

소녀, 적정기술을 탐하다

조승연 지음

뜨인돌

적정기술은

적정기술은 짜장면이다.
못 사먹을 만큼 비싸지 않고, 누구나 만들기 어렵지 않고,
쓸쓸하고 배고플 때 딱 맞는 기쁨이니까.^^*
― 포항공과대학교 산업경영학과 장수영 교수

적정기술은 아쉬움이다.
조금만 더 빨리 개발되었더라도 더 많은 사람이 살 수 있었을 테니까.
― 포스텍 영재기업인교육원 2기 정하빈

적정기술은 반창고다!
급속한 경제화로 곳곳에 낙오되고 버려지는 사람들이 많다.
국내든 국외든, 인간사회의 고름을 치유해 주는
반창고가 될 수 있는 것 중 하나가 적정기술이다.
― 홍익대 전자전기공학과 박찬진

적정기술은 세상을 향한 외침이다.
기술을 진정으로 필요로 하는 사람들,
기술이 가장 필요한 사람들의 소리를 반영한 기술이기 때문에.
― 포스텍 영재기업인교육원 1기 대표 이호

적정기술은 마데카솔이다.
새로운 기술로 세상의 상처를 아물게 만드니까.
고통과 불편함을 치유하니까.
― 용인외국어고등학교 1학년 김찬우

적정기술은 소녀시대이다.
세상을 더욱 살 만한 훈훈한 곳으로 만들어 주니까.
― 카이스트 경영대학원 이정호

적정기술은 연애다.
적정기술 개발자는 사용자의 습관, 문화, 주변환경 등
늘 사용자의 입장에서 생각해야 하고(누군가를 사랑할 때 이렇다),
사용자는 좋아하기도 하고 고마워하기도 하지만
본인들과 어울리지 않는다고 차 버리기도 한다
(고백이 먹히면 사귈 수도 있지만, 틀어지는 경우도 다반사).
― 카이스트 기계공학대학원 김현석

적정기술은 나의 것이 아닌 그들의 것이다.
적정기술은 나를 위해서가 아니라 어떻게 하면 '그들',
즉 가난한 이웃들이 좀 더 잘사는 데 도움이 될까를
끊임없이 생각해야 하기 때문.
― 한동대 전산학부 방보은

적정기술은 지구촌을 디자인하는 기술이다.
원래 지구촌은 자연과 인간이 조화롭게 살아가는 정원과 같았는데,
산업혁명 이후 자연과 자원의 과도한 사용으로
지구온난화, 자원 고갈, 생태계 파괴로 지구촌이 몸살을 앓고 있다.
적정기술은 자연과 인간을 화해시키고,
기술의 원래 목적인 인간을 이롭게 함을 회복하는 기술이다.
― 한국원자력연구소 김찬중 박사

적정기술은 모두에게 열려 있다!
적정기술은 누구나 다 참여할 수 있다.
어느 분야에 종사하든, 어느 나라 사람이든, 나이가 많건 적건.
관심과 의지가 있다면 적정기술에 참여하고 공헌할 수 있다.
― 포항공대 로봇공학연구소 조용우

이다

너희가 적정기술을 아느냐?

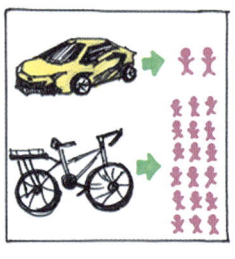

한 유명한 자동차 디자이너가 끝내주는 포르쉐 신형을 설계했다. 하지만 이 차를 살 수 있는 사람이 과연 몇이나 될까? 웬만한 갑부가 아니고서는 그 바퀴도 못 산다. 극히 일부만 누릴 수 있다. 구매력 있는 극히 일부만.

하지만 이 디자이너가 무슨 바람이 들었는지, 교통수단이 없는 개발도상국의 시골 마을 사람들을 위해 적은 돈으로 제작 가능한 소형 자전거를 설계했다면 어떨까? 포르쉐를 살 수 있는 사람보다 적어도 천 배는 되는 사람들이 혜택을 얻게 될 것이다. 집과 학교, 집과 직장이 너무 멀거나, 혹은 무거운 짐을 자주 옮겨야 하는 사람들에게

이 소형 자전거는 포르쉐 신형에 비할 수 없는 소중한 생필품이 될 것이다.

적정기술은 이와 같이, 기술과 디자인의 혜택으로부터 소외되어 다양한 문제를 겪는 사람들에게 해결책이 되어 주는 기술이다. 따뜻하게 손 내미는 기술이다. 그런데 비극적이게도 세계 디자이너의 95%는 구매력 있는 상위 10%의 소비자들만을 위해 모든 디자인 활동을 한다. 이제는 그들을 잠시 두고, 소외된 90%의 사람들에게 초점을 맞추어야 할 때다.

적정기술의 목표, 생명 유지와 빈곤 탈출!

적정기술의 목적은 크게 두 가지다.

하나는 '생명 유지'. 빈곤층은 생명의 위협에서 벗어나기 힘들다. 따라서 적정기술은 식량 문제, 질병 문제, 거주 문제, 위생 문제 등 빈곤층의 생명과 직결된 문제들을 해결하는 것을 목적으로 한다.

두 번째는 '소득 창출'. 적정기술의 특별함이자 묘미는 바로, 적정기술 제품을 통해 사용자가 스스로 돈을 벌어 가난에서 자립할 수 있다는 데 있다. 그런데 도대체 어떻게 제품 하나로 돈을 번단 말일까?

　위의 사진은 슈퍼 머니메이커 펌프Super Moneymaker Pump라는 제품이다. 이 펌프는 아프리카와 필리핀 등의 채소 재배 농장에서 상용되는 물 공급 장치로, 지하수를 퍼 올려 농업용수로 사용할 수 있게 해 준다. 기능만 보자면 '수동식 물 공급 펌프'인데 어떻게 이렇게 범상치 않은 이름이 붙었을까?

　원래 지하수를 퍼 올리려면 전기 펌프가 필요하다. 그런데 세계에는 전기가 공급되지 않는 지역이 더 많다. 슈퍼 머니메이커 펌프는 바로 그런 지역에 사는 사람들을 위한 제품이다. 이 펌프의 유일한 동력원은 발! 자전거 타듯 페달을 밟아 펌프를 작동시키는 것이다.

　이 펌프 하나가 사용자들에게 미친 영향은 대단했다. 펌프가 없을 때보다 더 빨리, 더 넓은 지역에, 더 적은 돈을 들여 물을 뿌릴 수 있게 된 것이다. 이 기계를 고안해 낸 킥스타트Kickstart의 조사에 따르면 지금까지 약 3,500세대가 이 펌프를 사용했고, 농장 수익은 약 10배가 증가했다.

이 제품의 이름은 지세이버 G-Saver. 몽골은 춥다. 그 때문에 도시 외곽의 천막주택에서 사는 몽골의 가난한 사람들은 소득의 70%를 난방비로 사용한다. 기존 난로는 열이 오래 지속되지 않았고 한밤중에도 중간 중간 꺼지는 불편함이 있었다. 게다가 여기에서 나오는 매연이 대기를 심각하게 오염시키고 있었다. 이런 문제점을 해결해 준 것이 바로 지세이버다.

지세이버는 우리나라의 온돌 원리를 이용해 난로의 열효율을 높인 제품이다. 연료비를 절약해 가계 부담을 줄여 주고 대기오염도 줄인 최고의 적정기술 모델로 평가받는다.

이 제품의 진정한 매력은 바로, 현지에 지세이버를 생산하는 사회적기업이 들어섰다는 데 있다. 새로운 일자리 창출로, 많은 사람들이 고질적인 가난에서 벗어날 수 있었다고 한다.

적정기술, 멋진 삶으로 나를 초대하다

그래서 나는 생각한다. 적정기술은 '손잡아 주는 기술'이라고. 누군가의 손을 잡으면 우리는 상대의 체온을 느낄 수 있고, 마음 또한 따뜻해진다. 따뜻한 마음을 가진 사람들이 그 온기를 주체할 수 없어, 힘을 합해 이웃을 위한 멋진 제품을 만들었다. 나보다는 남을, 위보다는 아래로 향하는 섬김기술. 이것이 바로 적정기술이다.

차례

적정기술은 OOO이다 4
너희가 적정기술을 아느냐 6

1. 산 어귀에서

적정기술, 혜성처럼 나타나다 …… 14
궁금한 걸 어떻게 참아 …… 20
책, 책, 책, 책이 좋아 …… 27
우리 집은 동물원 …… 32
일단, 도전! …… 37
만남은, 좋은 친구 …… 44

| 지식충전소 | 적정이와 승연이 … 50

2. 등정을 시작하다

고수의 도움을 받는다 …… 66
정리하면 보인다 …… 70
관심을 놓지 않는다 …… 72
책이 곧 선배다 …… 75
Doing is Learning …… 82

| 지식충전소 | 장수영 교수님을 만나다 … 89

3. 산행 중 만난 골짜기
진짜 내 길일까? …… 104
적정기술이 직업이 아니라고? …… 107
적정기술? 그냥 남들 하는 거 해 …… 109
적정기술이 한물갔다고? …… 112
거친 파도 위를 즐겁게 서핑하자 …… 115
| 지식충전소 | 에너자이저 어록, 탑 5 … 118

4. 여섯 개의 베이스캠프
열정의 현장, 그 3일간의 기록 …… 126
몽골, 그 현장을 탐하다 …… 139
| 지식충전소 | 발로 뛰며 그러모은 정보들, 전격 공개 … 161

5. 이 길 끝에 성공이 있을까?
적정기술과 함께한 3년, 내가 겪은 변화들 …… 174
내 꿈은 아직 현재진행형 …… 179

에필로그 184

1. 산 어귀에서

"14살, 평생 하고 싶은 일을 만나다"

어떤 산을 오를까?
도감을 펼쳐 보니 산마다 모양도, 높이도 제각각이었다.
막막했다. 그런데 언제부터인가, 꼭 오르고 싶은 산이 생겼다.
그 어마어마한 높이를 보니 겁이 덜컥 났지만
내 두 다리는 이미 출발 지점을 향해 바삐 운동 중이었다.
등정이 시작된 것이다.
적정기술과 나의 운명적인 첫 만남,
그리고 그 순간을 빚어냈던 그때까지의
수많은 경험들과 만남들을 소개한다.

적정기술, 혜성처럼 나타나다

지금으로부터 3년 전, 중학교 1학년 때였다. 어느 정신없는 오후, 숙제할 책으로 가득 차 무거운 가방은 내 등 위에서 덤블링을 하고 있었다. 나는 정신없이 4층부터 1층까지 계단을 종주했다. 오늘은 과학 멘토링 프로그램 두 번째 강의가 열리는 날이다.

메일로 본 강의 제목은 'Unfair Heaven'. 강의하시는 분은 '포항공과대학교 산업경영학과 장수영 교수님'이라고 적혀 있었다. 불평등한 천국이라…. 뭔가 흥미로운 제목인데? 그런데 왠지 엄청나게 괴상한 강의일 것 같다는 느낌이 주체할 수 없이 밀려왔다.

과학 멘토링 프로그램은 과학에 관심이 많은 친구들과 (사)나눔과기술의 교수님들이 1 대 1 결연을 맺어 메일링, 만남과 같은 교류 활동을 하는 '멘토&멘티' 프로그램이다. 교수님들이 한 달에 한 번씩

돌아가면서 우리 학교로 오셔서 양질의 과학 강연을 해 주시기도 했고, 1년에 한 번씩은 우리가 카이스트, 한남대학교와 같은 대학교를 방문해 교수님들과 즐거운 만남을 갖고, 학교 탐방도 했다. 강연 중에는 정말 흥미로운 것들이 많았다. 습관의 기적, 핵융합의 원리와 일본 원전 파괴의 이유, 곤충 생태 등 다양한 강연들이 나의 잡다한 공부 입맛을 충족시켜 주었다.

일주일 동안 전쟁 같은 학교생활을 하던 탓에 내 뇌리에서 말끔히 지워져 있던 과학 멘토링 강의. 그 강의가, 이제 30초 후면 시작할 것이었다! 나는 야구선수가 홈으로 슬라이딩을 하듯, 몸을 날리다시피 해 강의가 열리는 교실에 골인했다. 아뿔싸, 나를 뺀 다른 멤버들은 다 와서 앉아 있었다. 나는 슬슬 눈치를 보며 앞쪽 자리에 앉았다.

그때, 장수영 교수님으로 추정되는 분이 자리에서 일어나시더니 조그만 무대 위로 올라가 아주 밝고 순한 얼굴로 우리에게 인사를 하셨다. 너무나 행복한 얼굴, 침착한 목소리, 그리고 어딘가 유쾌한 제스처! 그때까지도, 이분이 나의 삶에 새로운 창문, 아주 밝고 화사한 창문을 하나 활짝 열어 주시리라곤 상상도 못 했다.

교수님은 놀랍게도, 강의의 시작을 베토벤의 음악과 함께하셨다. 아름답고 웅장한 베토벤의 합창을 배경으로 글을 한 편 읽어 주셨다. 평화로운 음악과 교수님의 따스한 목소리…. 지금 생각해도 미소가 절로 지어지는 기억이다. 하지만 몸도 마음도 나른해진 나와 친구들은 점점 잠에 빠져들어 갔는데…. 교수님께서는 이때다 하시며 첫 이야기를 꺼내셨다.

"여러분은 누구의 이웃이 되어 주고 있습니까?"

성경에는 한 율법학자가 예수에게 질문하는 장면이 등장한다. "예수님, 저의 이웃은 누구입니까? 이웃을 사랑하라고 하셨는데, 제 이웃이 누구인지 도통 모르겠습니다!" 그러자 예수는 동문서답을 한다. "여기 강도를 만나고 도둑질까지 당해 헐벗은 사람이 있다. 이 사람의 이웃은 누구냐?"

율법학자가 '내 이웃이 도대체 누구지?' 하고 질문할 때, 예수는 '저 사람의 이웃은 누구냐?'라고 반문했다. 예수와 율법학자의 상반된 관점이 드러나는 대목이다.

이런 내용을 듣고 있는데, 순간 율법학자와 나의 모습이 겹쳐 보였다. 내 주변에는 정말로 내가 섬길 이웃이 없었나? '나의 이웃'이 없다고 가만히 있을 게 아니라, 내가 먼저 '누군가의 이웃'이 되어야 하는 게 아니었을까? 섬길 수 있는 두 손과 두 발이 멀쩡히 다 있는데, 나의 게으름과 이기심 때문에 나의 '이웃'들을 미처 발견하지 못한 것이 아니었을까? 그럼, 나는 누구의 이웃이 되어 줄 수 있을까?

교수님의 말씀을 따라가다 생각이 여기까지 미쳤을 때, 교수님은 우리에게 일인당 국민소득과 평균 수명의 관계를 나라별로 정리한 그래프를 보여 주셨다. 가로축도 최저, 세로축도 최저인 곳에 위치한 작은 나라들이 있었다. 콩고민주공화국, 말라위, 소말리아.

이곳에서 태어나는 아이들 중 5분의 1 이상이 태어난 후 5년 안에 열병으로 죽는다고 했다. 이들의 이웃은 누구일까? 혹시 내가 이들의 이웃이 되어 줄 수는 없을까? 머릿속이 복잡한 생각으로 빠르게 회전하기 시작했다.

바로 그때, 교수님께서 다음 슬라이드를 띄우셨다. 제목은 '적정기술'. 제목 바로 아래에는 도넛 모양의 파란 물통을 끌고 가며 환하게 웃는 흑인 남자아이의 사진이 있었다. 딱 봐서는 도대체 뭔지 감을 잡을 수 없는 물건이었다. '대체 저건 뭐지?'

교수님의 설명이 이어졌다. "이 물통의 이름은 영어 Q자 모양으로 생겼다고 해서 '큐드럼Q Drum'입니다. 아프리카 같은 지역에서 멀리까지 물을 길러 갔다 오는 어린이들은 물통을 머리에 이거나 들어서 운반하는데, 너무 힘들고 불편할 뿐 아니라 바닥에 돌이 많이 깔려 있어서 위험했어요. 그래서 무거운 물통을 편하게 운반할 수 있는 방법을 고안한 것이죠. 물통 가운데에 난 구멍에 줄을 넣고, 그 줄을 잡고 물통을 끌면서 오면 훨씬 덜 힘들지요. 튼튼하게 만들었으니 울퉁불퉁한 바닥에도 끄떡없습니다."

그다음 슬라이드에는 '항아리 속 항아리 냉장고'라는 제목 아래, 피망, 양파 같은 야채나 과일이 들어 있는 도자기 사진이 있었다. 바로, 비위생적이고 후덥지근한 장터에서 하루면 썩는 과일들을 열흘 동안이나 저장할 수 있는 냉장고였다. 물과 흙이 서로 열을 빼앗는 너무나도 간단한 과학 원리를 이용하여, 엄청나게 많은 사람들을 먹여 살릴 수 있는 항아리 냉장고. 정식 명칭은 팟인팟 쿨러Pot in Pot Cooler였다.

앞에서 말한 두 제품 말고도 여러 개의 다른 제품들이 차례로 슬라이드에 나타났다. 더 많은 사례들이 소개될수록 내 가슴도 더욱 빨리 요동쳤다. 그 근원을 알 수 없는 두근거림과 설렘이 한데 섞여 내 머릿속을 휘젓고 다니기 시작했다. 마침내, 교수님께서 입을 떼셨다. "이것이 바로 적정기술입니다. 디자인과 공학에서 소외된 90%의 사람들을 돕기 위해, 그들이 사는 환경에 적정한 제품을 디자인과 공학을 통해 만드는 것이죠. 적정기술은 36.5도, 사람의 체온이 느껴지는 따뜻한 기술, 착한 기술입니다."

순간 내 머릿속이 환하게 밝아 오는 듯했다. 어둠이 사라지고 아침 해가 온 땅을 화사하게 비추는, 하루의 아름다운 시작처럼. 머리를 한 대 맞은 기분이었다. 이런 것이 있었구나. 지금까지 내가 가장 좋아하던 분야인 디자인과 공학의 결합으로 소외된 사람들을 돕는 방법이 있었구나. 나의 이웃은 소외된 90%의 사람들이었고, 나의 수단은 디자인과 공학이었구나! 내 삶의 비전은 바로, 이 '적정기술'이 되어야 하겠구나!

그 뒤의 일은 내 심장이 하도 쿵쾅거려서 기억도 나지 않는다. 강연이 끝나자마자 장수영 교수님께 달려가 30분 동안 적정기술에 대한 질문을 퍼부어 댔다는 것밖에는. 교수님은 너무나 친절히, 그리고 기쁘게 답변해 주셨다.

장수영 교수님의 강연, 바로 그 시점부터 나는 '적정기술'이 나의 비전이 될 것이라는 확신이 들었다. 그리고 그때부터 지금까지 나는 계속해서 장수영 교수님과 메일을 주고받으며 적정기술에 대한 나의 비전을 확장시켜 오고 있다. 나의 비전과 단숨에 정면으로 마주한 그날, 떨리던 그날을 잊을 수 있을까? 세상의 필요와 내 재능의 교점을 찾았던 감격의 그 순간을 어떻게 잊을까? 나의 '이웃'을 비로소 찾은 그날을. 그날, 적정기술은 말 그대로 '혜성처럼' 나에게 날아왔다.

평생 하고 싶은 일을 운명처럼 만났다고는 하지만 그것은 우연히, 단번에 생긴 것이 아니라 지나온 순간순간이 한데 모아진 것이 아닌가 싶다. 어릴 적에 본 것, 만진 것, 해 온 것, 접한 것, 읽은 것 등이 오늘의 나를 만든다는 이야기에 큰 공감이 되었다. 먼저 나는 호기심이 많았다.

궁금한 걸 어떻게 참아

"승연아, 이제 그만해야지. 엄마 불 끈다~."
"엄마, 잠깐만! 조금만 더 하고. 이제 이것만 붙이면 된단 말이야."
"안 돼! 잘 시간 훨씬 지났어. 진짜로 불 끈다!"
"히잉~ 이것만 붙이면 되는데~."

30분 후, 엄마아빠가 모두 잠든 것을 확인. 슬그머니 레고를 하던 책상으로 다시 가 앉는다. 가로등 불빛에 의지해 다시 레고 만들기를 시작한다. 부스럭 부스럭.

내가 다섯 살이었을 때, 잘 때마다 나와 엄마가 벌였던 소동이다. 나는 레고를 정말 좋아했다. '화성 탐사', '바이킹 시리즈' 등 그 당시 고학년이나 어른들이 만들던 고난이도의 조립을 척척 해내 '레고 영재'로 불리기도 했다. 영재인지 아닌지는 모르겠고, 그걸 다 붙이면

 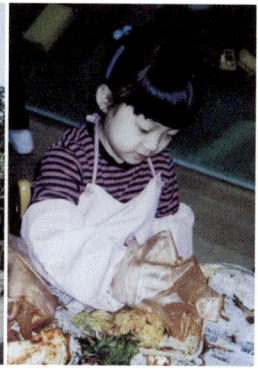

(좌) 낙타 등에 앉은 느낌은 어떨지 그렇게 궁금했다. 산줄기 같은 낙타 등을 신기해하고 있는 나.
(우) 어린이집에서 오물조물 김치 만들던 날. 생전 처음 만들어 보는 음식이라 조금은 긴장한 기색이 역력하다.

어떤 멋진 것이 완성될까 하는 호기심, 나한테 그놈의 호기심이 있었던 것만은 확실하다.

호기심은 나를 결코 조용할 수 없는 아이로 만들었다. 나는 어딜 가든지, 버스에서도, 백화점 화장실에서도, 집에서도 쉴 새 없이 쫑알댔다. 그 쫑알거림의 대부분은 "왜?"였다. 궁금하면, 이해가 안 되면 누군가 내게 알려 줄 때까지 붙들고 "왜?"를 물어 댔다. 그리고 답을 알아내면 아무한테라도 알려 주고 싶어서 또 누군가를 붙들고 쫑알댔던 것이다.

나의 호기심은 어릴 적, 잡지 일을 하셨던 엄마 덕에 집 안 가득 쌓여 있던 잡지를 가지고 놀 때도 유감 없이 드러났다. 손이 닿는 곳이면 어디든지 널려 있던 잡지들은 어릴 적 나만의 상상력 창고와도 같았다. 그 속에는 한 번도 가 보지 못한 에메랄드 빛 푸른 바다도 있었고, 알록달록 신기한 옷을 입은 언니들의 예쁜 사진도 있었고, 쳐다보기만 해도 침이 꼴깍꼴깍 넘어가는 맛있는 음식들이 가득했으니까. 내 마음에 드는 사진과 그림들을 오려 붙이면 어떤 이미지가 나올까도 너무 궁금했다. 그래서 가위와 풀을 가지고 엄마의 생명이라고도 할 수 있는 잡지들을 마구 오렸다. 엄마에게 된통 혼난 적도 많았지만 말이다.

이런 일도 있었다. 한번은 엄마에게 크게 혼난 적이 있었는데, 죄송한 마음에 조금은 특별한 반성문을 선물하고 싶었다. 잡지에서 글자를 오려 나만의 반성문을 써 보면 어떨까 하는 생각이 번쩍 들었고, 나는 가위와 풀을 들고 잡지를 오렸다. 장장 3시간의 노고 끝에, '엄마 잘못했어요. 다시는 안 그럴게요'라는 내용의 반성문을 완성했다. 한글을 막 알기 시작하던 때라, 그 문장은 나의 첫 한글 작품이기도 했다. 그 반성문을 받아 든 엄마의 반응이 어떨까도 너무 궁금했던 것 같다. 다행히 엄마는 나의 반성문을 보고 감동을(?) 받으셨고, 나는 혼나기는커녕 도리어 칭찬 세례를 받을 수 있었다!

중학교 2학년 때, 친구들과 집에 모여 스톱모션 stop-motion 영상을 만들었다. '공정무역'이 주제였는데, 이 영상은 그야말로 대 히트를 쳤다.

고맙다, 중기중

궁금한 걸 못 참는 호기심쟁이가 '중기중(중앙기독중학교)표 공부'를 경험했다는 것은 내 인생 최고의 자랑거리가 아닐까 싶다. 도대체 '중기중표 공부'가 무엇이기에 학교 이름 뒤에 '공부'를 붙이고, '공부' 앞에 학교 이름을 붙일 수 있는 것일까.

나는 참 궁금한 것이 많았다. 그래서 질문도 엄청나게 많았다. 도대체가, 어떤 내용은 하나도 이해가 안 되는 것이었다. 이렇게 '몰라서 하는 질문'도 있었고, 순수하게 '더 알고 싶고, 궁금해서 하는 질문'들도 많았다. 하지만 신기하게도, 내가 어떤 질문을 던지든지 선생님과 친구들의 태도는 중학교 시절 내내 한결같았다. 바로, '다함께 달려들기'였다.

과학시간에 염색체에 대한 질문을 던진 적이 있었다. 질문을 드리자마자 모든 친구들이 교과서를 뒤지고, 옆짝과 갑론을박을 벌이면서 그것이 아니네, 맞네를 다투기 시작했다. 정말이지 선생님께서 설명을 안 해 주셔도 될 만큼 친구들 모두가 침을 튀겨 가며 답을 했다. 이어서 다른 친구들의 질문들이 쏟아져 나오기 시작했다. 한 질문이 나오면 다른 질문이 튀어나오고, 또 다른 질문이 또 다른 질문들을 끌어내고…. 이렇게 꼬리에 꼬리를 물다 어느새 선생님과 우리 모두는 그 시간에 염색체에 대한 교과서 내용을 다 마스터하곤 했다.

정말 다행인 것은 중기중에서는 수업시간 중 질문이 민폐가 아니라, 오히려 다 같이 달려들어서 해결할 주제로 여겨졌다는 것이다.

하나라도 더 알고 싶은 열망이 교실 곳곳에서 뿜어져 나왔다.

수업이 끝난 후에도 질문한 친구의 책상에 다 같이 몰려가 해결되지 않은 부분을 서로 채우던 일명 '일시적 토론' 또한 진풍경을 연출했다. "그러니까 감수분열을 할 때는 염색분체도 분리된다는 거야?" "그렇지! 맨 마지막에 말이야. 근데 2n이 n이 된다는 게 이해가 안 돼." "그럼 다음 시간에 선생님께 여쭤 보면 되겠네!" 식의 대화들이 오고 갔다. 우리의 배움 먹성을 단편적으로 보여 주는 현상이 아니었을까.

내가 교실 다음으로 가장 많은 시간을 머무른 공간은 아마도 교무실이 아닐까 싶다. 중기중 교무실은 시험 기간과 방학을 제외하고는 1년 365일 열려 있다. 열린 것도 그냥 열린 것이 아니요, 두 팔 벌려 열려 있다. 선생님들께서는 우리가 단순히 선생님과 수다를 떨러 찾아가든, 질문을 드리러 찾아가든, 아니면 책상 서랍 속 숨겨진 식량을 탐내러 찾아가든 언제나 우리를 두 팔 벌려 맞이해 주셨다.

제2의 교실이자 학원을 능가하는 공간, 교무실. 종례가 끝나자마자 학원이 아닌 교무실로 직행한 우리는 선생님들께 그날 쌓인 질문들을 마구마구 드렸다. '이해될 때까지 계속' 질문 드렸다.

종례 후 질문 세례가 끝나면 나와 친구들은 '스스로 학습 공동체', 일명 '스학공' 시간을 준비했다. 스학공은 야자 시간이라고 생각하면 된다. 이 시간은 그날 배운 것을 그날 정리하고 질문을 해결하며, 더 하고 싶은 공부를 맘껏 하는 시간이었다. 특별히 스학공을 통해서 그날 배운 것을 그날 해결하는 습관을 제대로 들였는데, 이제 와 생각해 보니 기특한 습관이다. 학원을 다니지 않는 것이 학교 방침이었기에 우리는 사교육에 의존하지 않고 스스로 공부하는 습관과 근육을 기를 수 있었다.

내가 제2의 아빠, 학교 아빠로 삼은 내 인생 최고의 선생님, 박은철 교장 선생님께서는 1학년 때 이런 말을 해 주셨다. 공자가 쓴 『논어』의 첫머리에 있는 구절이다.

'학이시습지 불역열호.' '배우고 때때로 익히면 이 또한 기쁘지 아니한가?'라는 뜻이다. 배움은 학과 습, 즉 배우는 것과 익히는 것이 항상 함께 이루어져야 한다는 것까지는 이해할 수 있었다. 물론 이것도 완벽히 이해한 것은 아니었지만 말이다. 그러나 두 번째 말, '이 또한 기쁘지 아니한가?'라는 멘트는 도무지 납득을 할 수 없었다. 나의 솔직한 마음이다. 정말 '뭔 말인고?' 하는 생각뿐이었다.

하지만 3년 동안 스학공을 통해 학원과 어쩔 수 없이 단절되어 살면서, 스스로 모르는 것을 해결하고 어려운 내용을 정복하여 내 것으로 꼭꼭 씹어 먹는 훈련을 정말 잘 해낼 수 있었다. 이렇게 배움과 익힘이 어우러지는 과정에서 즐거움을 느끼지 않을 수가 없었다. 배운 것이 내 것이 되는데, 게다가 깊이 공부할수록 내용은 재미있어지는데(물론 과학 3-2 '전기' 단원은 그렇지가 않았다), 안 즐거울 수가 없었다!

이처럼 배움 그 자체에서 오는 즐거움은 남에게 의존한 것이 아닌, 나 스스로 끙끙대던 시간 속에서 발견한 것이었다. 국어를 공부하면서는 세상을 그리는 언어를 해석하는 방법을 깨치고, 수학과 물리를 공부하면서는 세상을 운행하는 법칙에 경탄하고, 화학과 생물을 배우면서는 세상 그 자체의 경이로움을 마이크로의 눈으로 향유했다. 정말로, 중기중은 내게 공부의 정도正道를 깨우쳐 준 너무나 감사한 존재다.

학업적인 면 외에도, 중기중은 내게 진정한 삶의 스승이 되어 주었다. 선생님들은 세상을 긍정적으로 바라보는 시선을 알려 주시고, 어떻게 살아야 할지를 당신들의 삶을 통해 일깨워 주셨다. 어떻게 보면 내가 처음으로, 부모님을 제외하고 가장 깊은 인격적인 관계를 맺었던 어른들은 바로 이곳 선생님들이셨다.

'세상을 어떻게 바라보고, 그 세상에서 너는 어떤 존재가 되어야 할 것인가.' 모든 수업시간과 대화에서 이러한 질문이 던져졌고, 그 답을 찾는 것은 중기중 3년의 과제와도 같았다. 학생에게 이런 호기심을 심어 주는 학교가 얼마나 될까? 감사하게도 내가 고심 끝에 찾아낸 답은 '세상을 내가 섬기고 보듬어야 할 넓은 무대로 바라보고, 그 안에서 세상의 약하고 부족한 부분을 메우는 진정한 능력자가 되어야 한다'는 것이었다. 이 가치관은 내가 적정기술 비전을 발견하는 데에 결정적인 공헌을 했다.

책 책 책, 책이 좋아

'어려서부터 나는 책벌레였다.' 이 말이 너무 흔한 것은 사실이다. 하지만 나는 정말 책벌레였다. 생긴 것도 딱 책 속에서 꼬물대는 책벌레였다. 책을 너무 좋아해서 오른쪽에 허리 높이까지 쌓아 놓고 한 권씩 읽고, 오른쪽에 있던 책이 모두 왼쪽으로 옮겨지면 다시 허리 높이까지 책을 쌓고….

어릴 적 내가 가장 좋아하던 장소는 서점이었다. 서점 문을 열면 온 벽 가득히 꽂혀 있는 책들, 그 제목들, 특유의 냄새! 그 냄새는 내 코를 흥분시켰다. 책을 읽으려고 앉으면 3시간이 훌쩍 지났다. 그렇게 실컷 읽고도 성에 안 차, 아빠를 졸라 책을 잔뜩 사서 집에 들고 왔다. 도착하자마자 그 책들을 들고 소파로 달려가, 가장 편안한 자세를 잡은 뒤 한 권 한 권 읽기 시작했다. 그 행복감과 만족감이란!

하지만 나의 책벌레성은 읽는 것에서 끝나지 않았다. 플러스 알파로, 책을 쓰는 것이 어릴 적 내 인생의 전부였던 때가 있었다. 책을 몇 권 읽고 나면 '나도 이 정도는 쓸 수 있겠는걸!' 하는 알 수 없는 자신감이 나를 흥분시켰고, 바로 A4 용지를 팍팍 빼서 스테이플러로 고정했다. 이제 제본(?)은 완성, 내용을 쓰면 된다.

내가 쓴 책을 살짝 공개하자면, 먼저 『메뚜기 단편동화집』! 이 책을 만들 당시 나는 영종도에 살고 있었는데, 비 온 뒤 수풀로 나가면 키 큰 풀들 사이사이로 메뚜기들이 폴짝폴짝 펄쩍펄쩍 휘꺼덩휘꺼덩 날아다니고 점프를 해 댔다. 그 녀석들은 생긴 것도 행동거지도 너무 귀여웠다. 급기야 그 녀석들을 주인공으로 한 동화를 썼다. 이 중 가장 기억에 남는 스토리는 '오줌 홍수'. 한 짓궂은 남자아이가 메뚜기 마을에 오줌을 쌌고, 아무것도 모르는 메뚜기들은 생전 처음 보는 노랗고 찐득한 홍수에 떠내려가다 주인공 중 한 명인 '엉뚱이 뚱이'의 영특함으로 겨우겨우 살았다는 내용이다.

이 책 말고도 엄마 말을 안 듣고 집을 나간 찰리가 온갖 수난을 당하다 집으로 돌아와 엄마의 소중함을 깨닫는다는 내용의 『찰리의 모험』, 당시 나의 동물에 대한 지식을 집대성한 『승연이의 동물 대백과사전』, 색종이 50장을 스테이플러로 찍어 각 장마다 게임, 퀴즈를 넣은 『색종이 퀴즈북』 등을 썼다. 지금 생각하면 너무나 귀엽고 서툰 책들이다. 이 책들은 아직도 우리 집에 보관되어 있는데, 심심할 때 꺼내 읽다 보면 가끔씩 '진짜' 책벌레가 출몰하기도 한다.

이렇게 어릴 때부터 많은 책을 읽고, 또 쓴 경험은 나로 하여금 어

나의 혼이 깃들어 있는 「고양이 마을」.
초등학교 3학년 때 만들었던 것 같다.
고양이, 만화, 고양이 만화 그리는 것을
무지무지 좋아했다. (쓰고 보니 꼭 군대 이야기,
축구 이야기, 군대에서 축구한 이야기를 좋아하는
남자들 같다. ㅋ)

중기중의 독서기록장인 '다섯 수레'의 일부.
리처드 파인만의 『발견하는 즐거움』을 읽고
거듭난 나의 모습을 만화로 그려 보았다.

려서부터 더 많은 생각을 하도록 만들었다. 모든 책은 질문을 던진다. 그 질문이, 책의 주제로 바로 연결되기 때문이다. 책을 읽으면서, 생각이 커지면서 나는 당연한 것들에 질문을 쏟아 내기 시작했다. 다독은 내게, 익숙한 대상들에 대한 물음표가 자연스럽게 떠오르는 뇌를 선물해 주었다. (쪼그만 딸이 질문이 너무 많으니 부모님은 정말 울고 싶으셨다고 한다.) 또한 책 속 인물들의 감정과 마음을 스펀지처럼 흡수하는 바람에 느낄 수 있는 감정 또한 다양해졌다.

어릴 때 책이 선물해 준 이러한 감동들이 고학년이 되면서 차츰차츰 사라질까 봐 많이 걱정했다. 하지만 유독 책을 사랑하던 중기중을 만난 덕에 잘 간직할 수 있었다. 중기중은 '책으로 시작해서 책으로 끝나는' 학교였다. 입학 과제의 절반 이상이 책에 관련된 것이었다. 예비 중학생이 읽기에는 지금 생각해 봐도 정말 어려운 책이 많았다. 책을 한 권 읽고 그 책의 영향으로 바뀐 자신의 생각과 가치관을 정리하는 작업은 3년 내내 수행평가 철마다 우리를 따라다녔다. 하지만 그것은 부정할 수 없이 정말 유익한 훈련이었다. 생각을 글로 정리하는 작업은 생각의 변화를 일으킨 특정 구절, 그 구절의 맥락, 평소 나의 생각과 그 생각이 어떻게, 왜 변화했는지 등을 '위에서 내려다보듯이' 잘 알고 있어야 가능한 작업이다. 결코 단편적인 작업이 아닌 창조적, 입체적인 작업이라 더욱 힘들었던 것 같다.

그런 의미에서 학교에서 지속적으로 시킨 독후감 쓰기는 글을 '잘 쓰는' 방법이 아니라 '내 생각을 잘 옮기는' 방법을 알려 준 훈련이었다. 이 훈련의 피날레는 바로 '청소년 작가 프로젝트'였다. 청소년 작가 프로젝트란 자신의 꿈에 대해 자료 조사, 직업인 인터뷰, 관련 독서 등을 바탕으로 자신만의 논문을 쓰는 것이다. 방대한 양의 전문 지식을 다루는 건 확실히 어려웠지만 덕분에 중학교 생활을 뿌듯하게 마무리할 수 있었다.

'다섯 수레'도 나의 독서욕을 부채질했다. 다섯 수레가 뭔고 하면, 중기중의 독서 파일이다. '사람은 모름지기 다섯 수레의 책을 읽어야 한다'는 옛 중국 속담에서 따온 이름인데, 아마도 박은철 교장 선생님의 아이디어가 아닐까? 이 다섯 수레에 100권의 책을 채운 학생들은 '센츄리클럽'에 가입되어 학교 건물에 이름이 박히는 영예를 얻게 된다. 아쉽게도 나는 센츄리클럽에 들진 못했다! 센츄리클럽에 이름을 올린, 친구들의 다섯 수레를 보니 정말 알찼다. 으으, 부럽다!

이러한 과정을 거치며 나의 독서는 이어져 왔다. 독서와 나란히 생겨나던 물음표들, 여러 가지 색깔의 감정들은 시간이 지나며 점점 깎이기도 하고, 조금 칙칙한 색들과 섞이기도 했다. 처음의 그 질문들, 책을 읽은 직후의 그 흥분 맺힌 눈동자를 지금까지 간직하고 있다면 얼마나 좋을까? 아쉬울 따름이다. 하지만 그때의 그 물음표들은 꼬리에 꼬리를 물며 이어져 왔고, 드디어 '내 꿈?'이라는 아주 크고 두꺼운 물음표에 도착하게 되었다. 그때부터 물음표들은 제대로 꼬이고, 얽히고설키고, 가끔씩 엉망이 되기도 했지만, 모두 다 값진 질문들이었다. 내 꿈의 베이스캠프에 나를 데려다 준 것은 책, 그리고 책이 내게 심어 준 물음표들, 의문들, 질문들, 궁금증들이었다.

우리 집은 동물원

햇볕이 따갑게 정수리를 쪼여 대던 어느 여름날이었다. 길바닥에는 더위 때문에 이미 생을 마감한 지렁이들이 여럿 널려 있었다. 삼촌과 나는 음흉한 미소를 지었다. "이 지렁이들, 방파제 게들의 미끼로 딱일 것 같지 않니?" 나는 게를 잡는다는 생각에 흥분한 나머지 이미 과자 수준으로 말라비틀어진 지렁이들을 손바닥에 주워 담았다.

어느새 파도가 들이치는 방파제에 도착했다. 방파제 바위틈에는 아무것도 없어 보였다. 그러나 마른 지렁이를 물에 담그는 그 순간, 어디선가 "서걱서걱~" 소리가 들려오기 시작했다. 바위틈 사이로 게의 다리가 빼꼼 삐져나왔다. 그러더니 게 세 마리가 일제히 지렁이를 향해 수중 점프를 했다. 내가 한 일은 오직 지렁이를 들어 올려 그곳에 붙은 게를 탁탁 떼어 내는 것뿐. 지금도 방파제로 달려가고 싶어지는 이 기분을 주체하기 어렵다.

　나는 자타가 공인하는 '자연소녀'였다. 특히 동물이 너무너무 좋았다. 산이나 바다가 나의 방과 후 놀이터였을 정도다. 물론 여기에는 내가 영종 신도시에 살았던 것도 한몫한다. 아빠의 직장 문제로 우리 가족은 1년간 영종도에서 살게 되었다. 부모님께서 최근에 내게 고백하셨다. 영종도 이사는 순전히 '나를 위한' 충동적인 결정이었다고. 우리 가족 중 그때 생활을 후회하는 사람은 아무도 없다. 부모님 특유의 방랑기와 모험정신은 나를 위한 교육철학에도 십분 발휘되었으니까. 정말 중요한 것을 자녀에게 선물하자! 맘껏 뛰어놀아야 할 나이에 방으로, 학원으로 들이밀지 말고 현관문을 활짝 열자! 나가서 자연을 느끼며, 자유를 만끽하며, 아무나 경험할 수 없는 비밀스런 추억들을 자연과 속삭이도록 허락하자! 부모님의 이런 결단은 내가

영종도에서 살던 시절, 서해안의 드넓은 개펄은 내 앞마당과도 같았다. 할머니 옆에서 울상을 짓고 있는 걸 보니, 그날 수확(?)이 별로였나 보다(좌). 유난히 동물을 좋아하는 우리 가족 옆에는 항상 '살아 움직이는' 뭔가가 있다. 나와 내 동생의 분신과도 같은 냥이 삼총사들(우)

가장 행복했던 기간이라고 말하는 1년을 내 삶에 선물해 주었다.

  짧은 기간이었지만 영종도의 낯선 경험들은 내 마음에 강렬한 도장을 쿡 찍었다. 자연에 둘러싸여 살 수밖에 없는 영종도였다. 우리 집에서 조금만 걸어가면 방파제와 서해안의 일부인 바다가 펼쳐져 있었고, 영종도에서 가장 높은 산인 백운산도 집 근처였다. 어찌나 자연 속에서 뒹굴며 놀아 댔던지 무서운 벌레들도 내겐 재미있게 생긴 다리 여섯 달린 친구였고, 냉큼 잡아서 관찰해 보고 싶은 대상이었다.

  우리 집은 동물원이었다. 십자매, 소라게, 거위, 가재, 남생이, 토끼, 고양이, 지렁이, 물고기 등 밤만 되면 온 베란다가 낯선 숨소리들로 가득 찼고, 나는 그 소리들을 들으며 잠이 들었다. 바스락바스락, 푸르르푸르르, 서걱서걱… 나만을 위한 천연 자장가였던 셈이다. 동물과 관련된 나의 추억은 이뿐만이 아니다. 개구리의 촉감이 너무 궁금해서 비 온 뒤 온 풀밭을 다 뛰어다니며 개구리를 잡은 적도 있다. 아빠, 삼촌까지 다 나섰지만 개구리는 한 마리밖에 잡을 수 없었다. 개구리를 집어 들고, 심지어 등에 뽀뽀도 해 보았다는 사실! 내가 생각해도 나는 정말 대단한 것 같다.

  또 하나의 아름다운 기억은 십자매의 출산! 우리 집에서 키우던 동물이 새끼를 낳은 건 그때의 십자매 사건이 처음이자 마지막이었다. 나는 아침에 일어나자마자 십자매 우리로 가서 관찰하는 습관이 있었는데, 그날은 둥지 안에 아주 조그만 연분홍색 알이 놓여 있었다. 엄마아빠 십자매는 더 말랑말랑한 보금자리를 만들기 위해 부산스럽게 날아다니고 있었다. 하지만 너무나 슬프게도 그 알은 아기 십자매로 부화하지 못했다. 흑흑!

이렇게 내 어린 시절은 자연과의 추억들로 두껍게 점철되어 있다. 지금도 울적할 때, 마음이 건조해서 쩍쩍 갈라질 때 이때의 봄비 같은 추억들을 생각하면 또다시 촉촉해지는 나다. 자연은 분명 최고의 친구였다. 부드럽고 섬세한 마음을 만들어 주었고, 작은 일에도 열심히 감동하는 감수성을 허락해 주었으며, 자연 속에 빠져 뭔가에 대해 곰곰이 생각해 볼 수 있는 혼자만의 시간을 선물해 주었고, 잊을 수 없는 아름다운 이미지들 – 예를 들면 노을 질 때 광기에 가깝도록 아름답던 햇빛과 지평선에 오롯이 걸쳐져 있던 긴 구름 – 을 머리에 새겨 주었다. 자연은 정말이지 내 어린 시절 최고의 친구였다.

그래서일까? 개미를 잡아서 돋보기로 태우는 장난을 치고, 괴롭히는 남자아이들이 그렇게 사악해 보일 수가 없었다. 나는 지금도 친구들이 이유 없이 벌레를 밟아 죽이고, 잔인하게 해부 실험을 하면 화가 난다.

이렇게 동물, 식물 등 환경을 지키는 일은 다른 일과는 다르게 지구의 생명을 등에 지고 있는 일이라는 생각이 들었다. 그래서 '커서 지구 환경을 위해 일하면 좋겠다'는 생각도 많이 했고, 한때 진지하게 그린피스 대원이 될까를 고민해 보기도 했다. 그런데 이 생각은 자연스럽게 적정기술이라는 큰 그릇으로 흘러들어와, 또 하나의 양념이 되었다.

뒤에서 더 자세한 이야기를 하겠지만 나는 올해 5월 몽골에 다녀왔다. 몽골의 환경문제가 그렇게 심각한 줄은 몽골에 가서야 처음 알았다. 사막화 현상과 대기오염, 그리고 심각한 하천 오염. 땅, 공기, 물 이 세 가지가 모두 오염된 곳에서 사는 사람들은 얼마나 힘들까? 사실, 도대체 누가 환경오염을 일으키는 주동자가 울란바토르 외곽 판자촌에 사는 가난한 사람들이라고 말할 수 있을까? 책임감도, 의식도 없는 선진국 사람들과 알면서도 실천하지 않는 사람들 때문에 환경에 별 피해를 주지 않고 살아가는 저소득층 사람들이 억울하게 고통 받는 것은 너무나 불평등하다. 어릴 때부터 너무나 당연했던 환경에 대한 사랑과 책임감, 그리고 적정기술적인 마음이 합쳐져 '환경을 지속가능하도록 만드는 적정기술 공학설계 디자이너'라는 새로운 꿈이 자라기 시작했다.

일단, 도전!

중학교에서 나는 수많은 부딪침을 겪었다. 여기서 부딪침이라 함은 '낯선 것, 새로운 것, 설레는 것들과의 만남', 즉 다양한 경험을 말하는 것이다. 정말 중기중의 3년은 정신없는, 그러나 고마워할 수밖에 없는 부딪침의 연속이었다. 가장 기억에 남는 건 입학 설명회 때, 학부모님들 앞에서 재학생 대표 연설을 한 것이다. 정말 좋은 경험이 될 터였지만 너무나 중대한 자리기 때문에 부담이 이만저만이 아니었다. 그래도 눈 딱 감고, '한번 해 보자!'라는 마음으로 대본을 준비하고, 연습을 하고, 연설을 했다. 다행히도 무사히 끝났고 나는 많은 사람들 앞에서 내 의견을 당당히 말할 수 있는 용기를 얻었다.

또 '캄보디아'라는 낯선 나라에서 아이들과 함께 춤추고, 캄보디아의 상처인 킬링필드 박물관을 방문하고, 한국과는 너무나 다른 캄보디아만의 공기를 들이마시기도 했다. 한 번도 가 보지 못한 곳에서 친구들과 나는 적응해야 했고, 스스로 아이들을 위한 놀이 커리큘럼을 짜야 했다. 물론 재미있는 졸업여행이었지만 힘들기도 했다. 그러나 그때처럼 친구들이 멋있어 보인 적은 없었다.

'부딪치기' 하면 잊을 수 없는 추억(?)이 하나 더 있다. 바로 우리 학교의 '수행평가'였다. 1년에 딱 두 번 찾아오는 수행평가 쓰나미철이 있었으니 바로 5월과 10월이었다. 계절의 여왕인 봄과 가을의 초절정을 달리는 그 시기, 나와 친구들은 어두운 교실 한구석에서 노트북을 켜고, 말 안 듣는 남자 팀원들을 향해 고래고래 소리를 지르며, 수행평가의 세계와 씨름해야 했다. 그 기간에는 열 개 남짓한 수행평가가 한꺼번에 겹치기도 했다. 일주일에 두 개꼴로 과제 제출 또는 프레젠테이션을 해야 했던 것이다.

수행평가는 결코 평범하지 않았다. 무조건 '창의적이어야' 했다. 나와 친구들이 대화할 때 가장 열을 올리며 격한 공감이 이루어질 때가 바로 중기중에서의 수행평가를 추억할 때이다. 친구들은 하나같이 수행평가에 '혼을 바치는' 녀석들이었으니 그럴 법도 하다. 어찌나 열정적이었던지 친한 친구가 발표를 할 때 내가 다 떨릴 지경이었다. 수행평가가 한창일 때 우리 모습은 참 볼 만했을 것이다. 어깨까지 내려올 기세인 다크서클, 절인 배추처럼 쭈그러진 온몸이라니!

우리끼리는 '중기중 수행평가를 거친 사람은 무인도에 데려다 놔도 살아남을 것'이라고 말하는데, 이것은 결코 농담만이 아니다. 아직도 잊을 수 없는 공포의 수행평가는 영어로 한국전쟁에 대해 발표하는

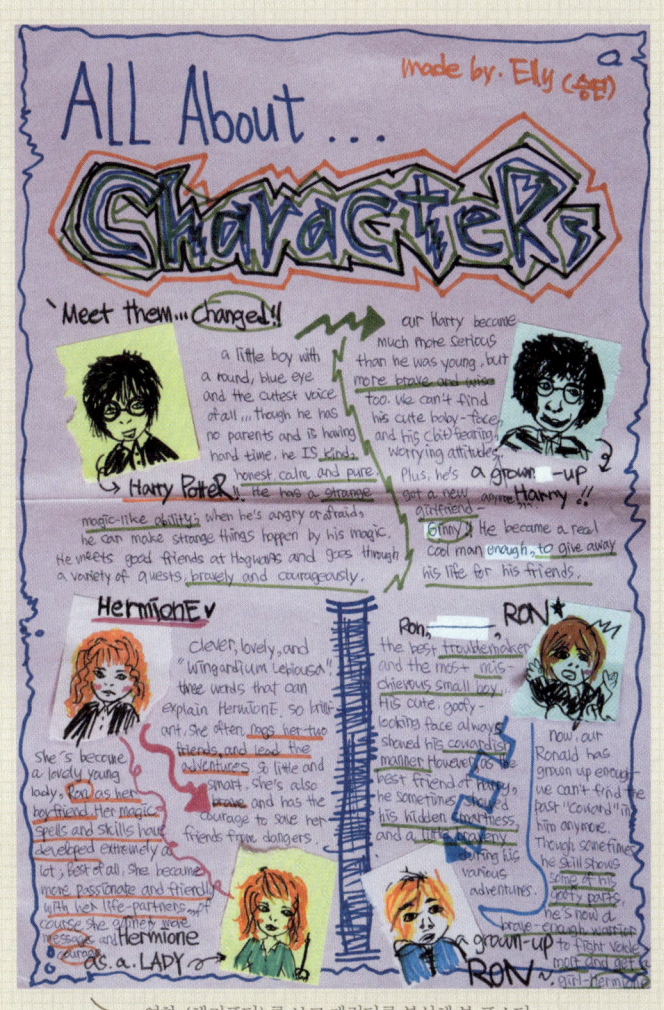

영화 〈해리포터〉를 보고 캐릭터를 분석해 본 포스터.
우리 학교의 수행평가에서 이 정도는 준비 운동일 뿐.

프로젝트였다. 처음엔 '드디어 조사만 해도 되는 과제가 나왔구나' 하며 안도했다. 하지만 제대로 틀렸다. '가족 중 한국전쟁 경험자 또는 생존자를 인터뷰하고 그 내용을 영어 보고서로 정리한 후, 앞의 두 자료를 기반으로 프레젠테이션을 하라.' 프로젝트가 우리에게 요구하는 바였다.

막막했다. 도대체 누구를, 언제 인터뷰한단 말인가? 할머니, 할아버지는 다 기억이 가물가물하실 텐데. 또 그 내용을 잘 전달할 수 있게 발표도 재미있게 해야 할 텐데… 그래도 외할머니를 믿고, 대뜸 인터뷰를 요청했다. 귀여우신 할머니께서는 처음엔 조금 사양하셨지만 나의 끈질긴 인터뷰 요청에 두 손 두 발 다 드시고, 60년 전의 기억을 더듬기 시작하셨다. 이윽고 할머니의 입에서는 소년병이었던 할아버지 이야기, 고사리손으로 군인들을 위해 도시락을 만들던 이야기, 군인 병원에서 간호사를 도와 붕대 나르는 심부름을 했던 이야기 등 회색빛 기억들이 흘러나왔다. 할머니와 그렇게 깊은 이야기를 나눈 것은 처음이었다.

놀랍게도 이 과제는 나를 변화시켰다. 전에는 한국전쟁에 관심도 없던 내가 6월 25일자 중앙일보에 관련 기사가 거의 없는 것을 보고 분개했으니까. 할머니와 오랜만에 속 깊은 대화를 나눌 수 있었고, 지금의 나와 내 가족을 있게 해 준 할아버지께, 또 죄 없는 소년병들의 희생에도 감사한 마음이 들었다. 수행평가를 통해 새로운 역사의식이 뿌리내린 것이다. 가장 힘들고 스펙타클한 수행평가였지만 이런 과제를 내주신 선생님께 감사했다.

수행평가로 제출한 PPT 화면에 사용한 이미지들. 외할머니의 전쟁 증언을 눈에 쏙쏙 들어오는 만화로 그렸고, 메인 발표 자료로 활용했다. 왼쪽 카툰에는 맥아더 장군도 등장하는데 한국전쟁의 과정을 표현한 것이고, 오른쪽 카툰은 외할머니께서 어리셨을 적 군인 병원에서 심부름하시던 이야기를 그린 것이다.

   재미있는 수행평가. 선생님의 입가에 미소를 띠우는 수행평가를 위해서는 용기가 필요했다. 친구들 앞에서 춤추기, 대뜸 첼로 꺼내 연주하기, 랩 하기, 역할극 하기, 느끼한 디제이DJ 되기 등 나를 찾아오는 아이디어들 중에는 무엇 하나 만만한 과제가 없었다. 뇌 속 회로를 따라 꿈틀거리는 그 아이디어의 스파크를, 그 똘끼를 숨기지 않고 발산하는 용기가 필요했다. 나와 같은 팀 친구들이 수행평가의 형식 면에서 많은 도전을 감행하지 않았더라면, 우리의 수행평가 목록은 얼마나 진부하고 건조했을까.

   하지만 그 마음의 산을 넘고 넘어 가장 많은 형식 도전이 일어난 수행평가는 바로 역사 수행평가였다. 그날 배울 내용에 대한 충분한 조사를 바탕으로 친구들에게 수업을 진행해야 했다. 친구들의 반응이 가장 정확한 잣대인 것 같다. 대충 준비한 자료와 대충 만든 PPT

로 수업을 했을 때는 즉각 반응이 나타났다. 고요해지는 교실, 하나 둘씩 숙여지는 친구들의 고개!

　반면, 혼을 바쳐 열심히 준비했을 때는 분위기가 180도 달랐다. 친구들의 집중하는 모습, 상큼한 반응, 토끼 같은 눈망울을 보며 이 맛에 선생님들이 수업을 하시는구나 싶었다. 잘하면 잘할수록 욕심이 나 더욱 다양한 형식을 도입하게 됐다. 뉴스 앵커가 되어서 고려 건국의 당위성에 대해 토론을 벌인 적이 있었는데, 기자가 등장할 때는 PPT 화면을 정말 뉴스 배경처럼 만들었다. 관련 장면이나 인물 사진을 내 머리 위에 띄우기도 했다.

　또 가장 지루하기 짝이 없는 내용을 맡게 되어서 고민하다가 '아예 망가지자!'는 생각에 같은 팀 남자애에게 판소리를 요구한 적도 있다. 정말 그럴 줄은 몰랐는데 그 친구는 새벽 3시에 판소리 대신 랩을 녹음해서 보냈다. 그리고 2학기 때는 내가 망가졌다. 커다란 헤드셋을 끼고 '별이 빛나는 밤에'의 낭만적인 배경음악과 함께 80년대 식 디제이 멘트로 실학자 이익의 사상을 소개했다. 내 기존의 이미지를 생각하자니, 망가지는 것은 결코 쉽지 않았다. 하지만 그럴 때마다 친구들이 너무나 열광적인 반응을 보여 주어 정말 고마웠고, 용기가 솟았다.

　비록 수행평가를 하면서 친구들과 어쩔 수 없는 갈등을 겪기도 하고 일주일 동안 10시간만 자며 버티기도 했지만, 그 도전의 과정에서 받은 선물이 너무나 많다. 위에서 말한 것처럼 내 이미지를 탈피하는 도전을 감행함으로써 내가 얼마나 과감해질 수 있으며 용기를 낼 수 있는지에 대한 가능성을 발견했고, 자신감을 충전받았다.

또 친구들과 갈등을 해결하는 법도 배웠다. 며칠, 몇 시까지 PPT를 보내 달라고 친구들에게 말했는데 보내지 않으면, 그때는 정말 화가 났다. 그런데 내가 누군가에게 칭찬받았을 때 기분이 무척 좋았던 생각이 나서, 화를 잠시 누르고 도리어 그 친구들이 조금이라도 해 온 것을 칭찬해 주었다. 효과 만점이었다. 특히 남자 친구들은 동기가 엄청나게 유발되어서 안 시킨 것도 조사해서 하나 더 넣고, 귀엽게도 자기 발표에 살짝 넣기도 했다. '칭찬은 고래도 춤추게 한다'는 말이 실현되는 순간이었다.

도전, 부딪치기, 승부해 보기. 내가 중학교 생활을 통해 몸으로 배운 가치들이다. 이 못 말리는 본능들이 내가 살아가면서 누군가의 '똘끼', 누군가의 "저요!", 누군가의 '혁신'이 필요할 때, 바로 그 '누군가'가 될 수 있을 것이라고 나는 믿는다. 아마 15년쯤 후에 적정기술 프로젝트를 하면서, 또 못 말리는 아이디어를 내뿜고 있지는 않을지. 아휴, 제발 정상적인 이야기를 좀 해야 할 텐데 말이다!

만남은, 좋은 친구

새로운 누군가를 만난다는 것은 참 경이로운 일인 것 같다. '친구를 한 명 사귄다는 것은 또 하나의 새로운 세상을 알게 된다는 것'이라는 말도 중학교를 졸업한 지금 비로소 깊이 공감하게 된다. 중기중에서의 3년 동안 나는 참 많은 만남을 겪었다. 그중 가장 인상 깊었던 두 번의 만남에 관해 이야기보따리를 풀어 봐야겠다.

첫 번째는 정신지체 장애를 가진 친구들과의 만남이었다. 우리 학교는 특별하게도 이런 친구들과 한 교실에서 생활하는 통합교육을 실시했는데, 통합교육은 정말이지 우리 학교 교육의 꽃이라고도 할 수 있다. 처음에는 많이 낯설었다. 그 친구들과 얘기를 하고 싶어도 무슨 이야기를 나눠야 할지를 모르겠고, 어떻게 친해져야 할지도 모르겠고, 정말 답답했다! 하지만 그 친구들과 점점 이야기를 트면서 나는 너무나 순수하고 솔직한 친구 관계를 만들 수 있어서 정말정말 좋았다.

그 친구들은 마음이 너무 건강했던 것 같다. 숨김도 없이, 꾸밈도 없이 좋으면 좋다, 싫으면 싫다고 말해 주었다. 해야 할 말은 반드시 하는 돌직구 스타일. 나는 이 점이 참 부러웠다. 또 무슨 일이든지 무서울 정도의 집중력과 열정을 보여 주어 참 멋있었다. 공부를 할 때나, 러닝머신 위에서 운동을 할 때나, 수업을 들을 때나. 작은 일 하나라도 집중하는 모습이 참 대단했다.

그러나 항상 잘 지내기만 했겠는가? 우리 사이에 '우당탕탕'이 없었다면 거짓말이다. 이 친구가 원하는 것이 무엇인지 잘 모르겠는데 나에게 무작정 화를 내면 좀 억울했다. 또 가끔, 정말 아주 가끔 친구들을 때리는 여자 친구가 있었는데, 그 손맛이 어찌나 맵던지! 그럴 때는 내가 진짜 화났고 속상하다는 것을 알려 주는 것이 가장 좋은 방법이었다.

졸업할 때쯤, 조금만 더 친하게 지낼걸 하는 아쉬움이 앞섰다. 그래도 확실히 3년 전보다는 많이 친해져서 졸업한 것 같다. 내 마음의 폭을 한 뼘 넓혀 준 친구들, 이와 비슷한 친구들을 또다시 만날 때는 처음보단 조금 더 준비되어 있겠지.

이곳에서 장애를 가진 친구들과 함께 생활하기 전까지는 길에서, 식당에서, 장애를 가진 사람을 만나면 무서워하고 많이 낯설어했다. 괜히 피하려고도 했다. 하지만 이 친구들과 동고동락하면서 그런 거리감은 제로가 되었다. 이 점이 너무 감사하다. 나와 그 친구들이 크게 다르지 않다는 사실을 깨달았다. 이를 통해 다른 데서도 굳이 나와 다른 사람을 멀리하는, 사람과 사람을 구분 짓고 '다름'에 촉각을 곤두세우는 옳지 않은 습관을 버리게 되었다. 중독성 강하지만 꼭 없애 버려야 할 행동인 것 같아 다행이다. 친구들아, 고맙다.

또 하나의 잊지 못할 만남은 덥고 습한 열대기후에서 벌어졌다. 그곳은 바로바로 캄보디아! 우리 중기중은 매년 졸업여행을 '봉사 여행'으로 해서 캄보디아로 간다. 우리 반이 방문한 곳은 씨엠립이라는 마을의 유치원이었다. 흙먼지 날리는 캄보디아 비포장도로를 4시간 동안 달려 유치원 앞에 도착하니, 하나같이 너무나도 예쁜 눈망울을 빛내는 개구쟁이들이 호기심 가득 찬 눈초리로 우리를 지켜보고 있었다.

"쭘립 쑤어!" 캄보디아의 인사말이다. 약간은 어색한 인사가 끝나고 우리는 본격적으로 봉사 활동을 시작했다. 말이 봉사지, 개구쟁이들과 함께 하루 종일 노는 것이다. 우리 반 친구들은 모두 체육, 미술, 음악, 전통문화 선생님이 되어 직접 수업을 계획하고 준비물을 가져갔다.

체육을 맡은 친구들은 단체줄넘기와 이어달리기를 준비했고, 미술을 맡은 친구들은 구슬공예를 준비했다. 음악을 맡은 친구들은 율동을 외워 가서 유치원 개구쟁이들 앞에서 같이 춤을 추며 알려 주었다. 여담으로, 이때 쓰였던 앰프(음향 증폭기)는 내 베스트 프렌드였던 우리 반 춤 짱과 인근 중학교 춤 짱으로 소문난 캄보디아 남자아이가 댄스 배틀을 뜰 때 매우 유용하게 사용되었다. 덕분에 케이팝K-POP을 캄보디아 개구쟁이들에게 입문시킬 수 있었다는 사실! 여기저기서 리듬에 맞춰 몸을 흔드는 개구쟁이들도 너무나 귀여웠다.

마지막으로 전통문화 팀은 부채 만들기와 국악 리듬 익히기 수업을 준비해 갔다. 특히 국악 리듬 수업에서는 컵라면 용기를 붙여서 만든 미니 장구를 사용했는데, 정말 센스 만점이었다. 참고로 나는 음악 팀이어서 땡볕 아래서 열정적으로 춤을 추어 댔다. 워낙 춤을 사랑하는 터라 더위 따위는 문제가 되지 않았다. 귀여운 동작을 키득키득 웃으면서 따라하는 아이들이 얼마나 예쁘던지….

이런 봉사를 이틀밖에는 할 수 없어서 너무너무 아쉬웠다. 이틀 동안 너무나 행복했고, 정말 큰 힐링이 되었다. 아이들은 안아 주는 것을 가장 좋아했다. 나 역시 워낙에 스킨십-안고 부비부비하는 것 말이다 – 을 좋아해서, 시간만 나면 누구든지 와락 껴안아 주었는데, 아이들이 너무 좋아해 주어서 정말 기뻤다. 아이들의 체온은 캄보디아 공기만큼 따스하고 보드라웠다.

  캄보디아에 졸업여행을 다녀와서 가장 많이 든 생각은 '이런 세계도 있었구나!'라는 것이었다. 세계 여러 나라에 대해서 좀 안다고 생각했는데, 결코 그런 것이 아니었다. 직접 그곳에 가 보고, 그곳의 사람을 만나 보고, 그곳의 언어로 이야기해 보고, 음식을 먹어 본 것이 아니라면 진정으로 그 나라를 아는 것이 아님을 알게 되었다.

  그런데, 문득 꿈 또한 그런 것이 아닐까 하는 생각이 들었다. 내 꿈이 생겼다고 생각해도, 정말 하고 싶은 것을 찾았다고 느껴도, 그 꿈을 진짜 내 삶으로 들여오지 않으면, 즉 매일 생각하고 떠올리고 쓰다듬고 물을 주지 않으면 그 꿈은 한낱 상상에 불과한 것 아닐까? 음, 조금 심한 확장일지는 모르겠으나, 나름대로 이런 생각이 들었다는 거다. 하하. '내가 하고 싶은 것을 찾았다'며 조금은 자신만만해 있던 나는 문득 '이제부터는 뭘 해야 하지?'를 고민해 봐야겠다는 생각이 들었다. 사람도 겪어 봐야 알듯, 꿈 또한 눈물겹게, 열정적으로 노력해 봐야 더욱 더 사랑하게 되는 것 같다.

  새로운 세계와의 만남은 세상 보는 눈을 크게 크게 키워 주었다. 모든 여행이 그러하듯 말이다. '저걸 적정기술 제품으로 해결해 보고 싶다!' 하는 장면들이 마치 게임 아이콘처럼 불쑥불쑥 떠오를 때도 있었는데, 그때마다 참 기분이 좋았다. 캄보디아의 전통 가옥은 습기를 차단하기 위해 지면에서 2미터 정도 떠 있다. 그러한 가옥구조를 다른 개발도상국의 집을 지을 때 응용해 보고 싶었다. 직접 가서 적정기술이 필요한 곳을 눈으로 확인하고 오니 내 비전에 대한 욕심은 더욱 커졌다.

지식충전소

적정이와 승연이

적정기술은 깐깐합니다. 적정해야 하기 때문이죠. 하지만 적정기술은 따뜻한 기술이기에, 그 깐깐함조차, 그리고 '적정'하게 만들기 위한 우리의 노력조차 정말 아름답답니다. 그럼, 진정 '적정'한 기술을 만들기 위해 생각해야 할 것은 무엇인지, 시공간을 넘나들며 스펙타클하게 펼쳐지는 적정이와 승연이의 대화를 따라가며 알아봅시다. 안전벨트 꽉 매세요~!
(대화 중에서 '적정이'는 적정기술을 의인화한 승연이의 친구입니다.^^)

승연이 앗! 적정이다! 적정아~~ 그동안 잘 지냈니?

적정이 ㅜㅜ 말도 마~. 요즘 자꾸 내 이미지가 왜곡되는 것 같아.

승연이 아니, 대체 왜?

적정이 참 나, '적정기술'을 하는 사람들은 진정한 '적정함'에 대해 잘 모르나 봐! 자꾸 중요한 걸 까먹어서 다 된 죽에 코를 빠트린다니까.

승연이 그러니까, 무슨 실수를 하는데?

칫솔? 무엇에 쓰는 물건인고?
- 지역 문화를 이해하자!

적정ㅣ 아휴~~ 잘 들어 봐. 이번에 2%라는 단체에서 인도 시골 마을에 칫솔을 보급했대. 착한 아이디어로 2%를 메우자는 단첸데, 내가 볼 때는 뭘 하든 2% 부족한 것 같아!

승연ㅣ 오~ 칫솔? 그거 좋은 생각이네! 인도 사람들 대부분 구강이 심각하게 손상되었잖아! 칫솔 같은 공산품들이 터무니없이 비싸니까. 상류층밖에 못 가진다며?

적정ㅣ 그건 맞긴 한데! 내가 왜 이 얘기를 꺼내겠냐! 그 프로젝트가 무참히 실패했으니까 하는 얘기지!

승연ㅣ 헉스! 정말? 왜, 뭐 때문에 실패했는데?

적정ㅣ 내가 아까 얘기했지? 사람들이 자꾸 중요한 걸 잊어버린다고. 이 프로젝트에서는 '지역 문화'라는 아주아주~ 중요한 핵심을 놓쳤어.

승연ㅣ 오오, 그래! 지역 문화~. 현지 사람들이 적정기술 아이디어를 잘 이해하고, 적정기술 시스템이 현지에 탄탄히 자리 잡으려면 필수적으로 고려해야 할 요소지. 그래, 2% 부족한 팀이 어떤 걸 간과했는데?

적정ㅣ 인도 사람 대부분은 칫솔을 써 본 적이 없어서, '빳빳한 털이 붙어 있는 칫솔을 한 손에 쥐고', '치약을 털 위에 쭉 짜고', '칫솔을 입으로 가져가서 털과 치약으로 치아를 비벼 대고', '입안에 치약이 가득 찬 것 같으면 수시로 뱉고', '마지막으로

물을 입에 넣어서 치약과 음식물 찌꺼기를 가글하다 뱉어 내는' 이 양치 과정에 대한 인식이 전혀 없대.

승연이 아, 당연히 그렇겠지! 인도나 이슬람 국가에서는 옛날부터 나뭇잎이나 식물의 뿌리로 양치를 했다던데?

적정이 오, 그렇구나. 그런데 문제는 현재에도 그냥 나뭇가지 하나로 양치를 한다는 거야. 양치하는 효과가 크게 없잖아~. 이것 때문에 인도 사람들의 구강 상태도 심각한 거고.

승연이 흠… 그래. 맞는 말인 것 같아. 그런데, 2% 사람들이 우리나라에서 쓰는 칫솔을 인도의 시골 마을에 그대로 전달해 줬다고?

적정이 그래. 물론 아예 그대로 가져간 건 아니었지. 크기를 조금 작게 했고, 털도 너무 빳빳하지 않게 개조했어. 벽에 다는 칫솔걸이도 같이 만들어서 전달했대. 사용법 교육도 했고.

승연이 그래도 문제가 생겼겠지. 그 마을은 칫솔이라는 걸 예전에 본 적도 없고, 나뭇가지 하나를 들고 치아를 비비는 게 다였잖아.

적정이 그래, 바로 그거야. 마을 사람들은 설명도 잘 듣고 직접 조금 사용해 보기도 했지만, 자신들의 문화보다는 너무 복잡하고 번거로웠던 거지. 치약 짜고 가글하는 그런 과정들이.

승연이 그래서 결국엔 어떻게 됐는데?

적정이 약 2달 후에 2%에서 보낸 파견팀이 그 마을에 다시 가 보았는데, 그 칫솔을 먼지떨이로 사용하고 있었대.

승연이 허걱! 정말? 확실히 칫솔이 익숙하지가 않았구나. 그런데 먼지떨이로 쓰는 것도 꽤 좋은 아이디어 같은데!

적정이 너가 진정 나한테 맞고 싶은 게로구나! 일단 넘어가고! 그리고, 더 심각한 것은, 그 치약을 아이들이 신기해서 먹다가, 다 배탈이 났다는 거야.

승연이 아이고… 어떡하나. 그럼 뭔가 개선 작업을 했을 거 아니야.

적정이 그렇지, 뭔가를 했지. 애초부터 그렇게 했어야지, 그렇게!!!

승연이 워워, 흥분하지 마. 그래, 어떻게 개선했는지 말해 봐. 어서!

적정이 좋아. 2%팀의 떠오르는 유망주, 다고쳐 군이 마을에 다시 갔대. 보니까, 마을 사람들의 구강 건강을 향상시킬 수 있는 가장 좋은 방법은, 원래 마을 사람들이 쓰던 나무 막대기를 그대로 쓰되, 그 막대기를 뭔가 업그레이드 시키는 거였더래.

승연이 오오, 말 된다! 그래서 어떻게 했대?

적정이 다고쳐 군은 일부러 아무것도 안 가져갔대. 한국에서 가져간 것 중 하나라도 쓰면, 그 마을에서 그 물건이 떨어졌을 때 다시 구하기가 힘들 거 아니야. 어쨌든 다고쳐 군은 아주 획기적인 아이디어를 냈어. 나무 막대기의 끝부분, 즉 치아를 비비는 부

1. 산 어귀에서

분을 뾰족뾰족하게, 하지만 날카롭지 않게 조금씩 깎았어.

승연이 아, 뭔지 알겠어! 그렇게 모양을 내서 치아 사이사이를 좀 더 깨끗하게 닦으려는 거구나!

적정이 그렇지. 그제야 비로소 마을 사람들은 자신들의 문화에 가장 '적정한' 칫솔을 가질 수 있게 되었대. 나뭇가지를 깎는 것은 칼이 그 마을에 있으니까 언제든지 할 수 있는 거였고. 어때, 다고쳐 군의 아이디어가?

승연이 그래! 그게 바로 현지인들의 '문화'를 고려하고 존중하는 완벽한 예이지!

적정이 보아 하니, 지역 문화를 생각할 때는 이런 것들도 생각해야 하더라구. 종교, 혼인 문화, 음식 문화, 화장실 문화, 의복 문화 등등. 참 많더라!

승연이 휴우~ 그러네. 역시 적정기술은 정말 '깐깐'해. 다른 디자인보다 훨씬 까다롭고, 생각해야 할 것이 많은 것 같아.

적정이 그래도 이런 과정을 거칠 때 소외된 90%에게 진정한 도움을 줄 수 있는 거지! 너 '소외된 90%를 위한'이라는 나의 명언 모르냐?

승연이 아이구 알겠습니다요~. 근데 너 뭔가 더 말할 게 있는 표정인데? 아닌가? 너 속 안 좋냐?

적정이 아니거든! 이젠 '적정기술은 무!조!건! 지역 중심이어야 한다'는 얘기를 할 거거든? 나랑 같이 좀 가 줘야겠어!

승연이 뭐라고? 안 돼! 나 지금 삼겹살 먹으러 가야 돼!

적정이 안 돼! 난 너한테 이걸 꼭 가르쳐야 한다구! 이건 직접 안 가 보면 몰라! 에잇~.

승연이 우아아아아~!!!

무조건 현지에 맞춰라!
− 현지에서 나는 재료 사용하기

승연이 그래, 대체 날 어디로 데리고 온 거냐? 아이고 삭신이야~.

적정이 훗, 여기는 아이티! 날씨 좋지?

승연이 흥! 날씨고 뭐고! 어라? 근데, 왜 주변에 나무가 없냐?

적정이 아, 그건… 아이티는 나무를 연료로 사용하거든. 벌목을 너무 많이 해서, 현재는 삼림의 10%밖에 남지 않았다고 하더라.

승연이 어, 잠깐! 나무를 태우면 유해물질이 좀 많이 나오지 않나?

적정이 그래. 요리할 때 나오는 연기 때문에, 그 연기를 마신 많은 어린이들이 호흡기 질환에 시달리고 있대. 그!래!서! 사탕수수 숯이 만들어졌지! 말 그대로, 사탕수수로 만든 숯이야. 나무를 대체하는 연료지.

승연이 헐~ 어떻게 사탕수수로 숯을 만드냐?

적정이 진짜 만들었어! 인도나 중남미에서는 사탕수수가 많이 나는데, 이걸로 주스를 많이 만들거든. 주스를 만들려고 사탕수수를 갈고 나면 찌꺼기가 생기는데, 이걸 다른 재료와 섞으면 숯이 만들어진단 말이야!

승연 오오~ 정말? 유해물질도 없고?

적정이 그래. 그런데 내가 여기서 진짜로 말하고 싶은 건 이거야. '무조건 현지에서 나는 재료를 활용해라.'

승연 그러니까, 네가 말한, 사탕수수 같은 거?

적정이 그렇지. 이 숯을 예로 들면 맥반석으로 만들 수도 있고, 바이오매스*로 만들 수도 있잖아? 그런데 왜 하필 사탕수수로 숯을 만들었겠어? 아이티가 있는 중남미 지역에서 사탕수수가 많이 생산되니, 쉽게 구할 수 있어서지. 그럼 이렇게 현지에서 나는 재료를 사용하면 무슨 장점이 있을까?

승연 흠… 아! 제품을 만드는 재료를 주변에서 쉽게 구할 수 있으니까, 외부의 도움 없이도 현지인들 스스로 제품을 만들 수 있겠지! 그리고, 그 뒤로도 지속적으로, 그 지역 안에서 자급적으로 제품을 생산해 낼 수 있고.

적정이 그러쵀! 예를 하나 들어 볼게. 우리나라의 삼성 같은 기업이 어느 개발도상국에 주거 환경 개선을 목적으로 아파트를 지어 줬어. 아파트에는 에어컨도 있고, 비데도 있고, 냉장고도 있어. 그런데, 비데가 고장 났어. 부품이 필요해! 하지만 이 부품을 그 나라에서 구할 수 있을까?

승연 못 구하거나, 정말 어렵겠지! 아니, 그럼 한국에서 부품을 수입

---

*바이오매스란 나무나 풀, 가축 분뇨, 음식쓰레기 등이 에너지원으로 쓰이는 것을 말해. 도시가스나 석유, 전기 등은 편리하지만 공해를 많이 일으켜. 바이오매스는 이를 대체하는 대체연료라고 할 수 있어. 재생 가능하다는 장점과 나무와 식물이 원료이기 때문에 삼림이 파괴된다는 단점이 있어.

해야 하는 거야?

적정이 그래. 아무리 첨단기술을 자랑하는 제품이 있으면 뭐해. 고장 나면 현지에서 고칠 수가 없는데. 하지만 아파트보다는 현지의 전통적인 주택을 짓고, 변기나 냉장고 같은 가전제품들도 원래 현지의 디자인대로 하되 조금 더 개선시켜 주는 것이, 진정으로 그들의 주거 환경을 개선시키는 것이라고 할 수 있지.

승연이 아, 적정기술 제품을 디자인할 때는 필요한 것을 현지에서 구할 수 있도록 사전에 설계해 두어야겠군.

적정이 그러췌! 그런데, 현지에서 나는 재료를 사용하는 것 말고도 현지인들이 스스로, 또 계속해서 적정기술 제품을 활용할 수 있는 방법이 있어.

승연이 또 나를 끌어들이려고! 나 삼겹살 먹으러 가야 된다니깐! 근데 좀 궁금해지네? 크윽—.

적정이 후후훗. 궁금하지? 이번에는 너를 다른 사람으로 변화시켜 주마! 이얍~!

승연이 응? 너 뭐하는 거야! 으아아~.

적정기술의 지속가능성을 꿈꾸다!
-제품 사용법 교육하기

승연이 아이구, 어지럽네~. 여긴 어디지? 어, 근데 귀가 잘 안 들려! 적정이 녀석, 나한테 또 무슨 짓을 한 거야?

적정이 아하! 정신을 차렸군! 여기는 보츠와나야!

승연이 응? 이상하다! 다른 사람 목소리는 잘 안 들리는데 네 목소리는 잘 들리네! 흐음….

적정이 어쨌든, 너는 지금 청각장애를 가진 보츠와나 사람이야. 귀가 잘 안 들리는 것도 그 때문이고! 자, 이젠 앞을 봐!

승연이 응? 저 사람들은 누구야? 손에 뭘 들고 열심히 설명하고 있는데? 저거 핸드폰인가?

적정이 이런! 저건, 저 사람들이 디자인한 '태양열 보청기Solar Aid'라는 거야. 저 사람들 설명을 잘 들어 봐!

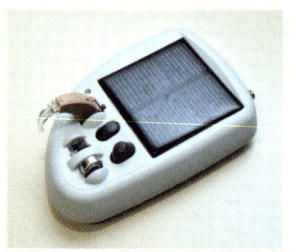

승연이 아니, 귀가 안 들리는데 어떻게 설명을 들으라는 거야!

바로 그때, 그 사람들이 커다란 종이에 그린 그림들을 꺼내기 시작했다.
그림을 차례대로 보여 주며, 온갖 손짓 발짓을 섞어 보청기 사용법을 알려 주었다.

적정이 설명 잘 들었냐? 무슨 말인지 이해하겠지?

승연이 아이고, 깜짝이야! 들은 게 아니라 본 거긴 하지만… 거의 이해했어! 근데 나를 왜 여기에 데리고 온 거야?

적정이 바로, 적정기술 제품을 보급할 때 '사용법을 알려 주는 것'이 얼마나 중요한지 알려 주기 위해서지! 만약 저 사람들이 보청기만 달랑 주고 훌쩍 떠났다고 해 봐. 너는 그게 어떤 물건인지, 사용은 어떻게 해야 하는 건지 알 수 있었겠어?

승연이 당연히 아니지! 근데, 아무 설명도 안 하고 떠나는 팀이 있어?

적정이 생각보다 많대. 특히, 오디에이ODA*에서 그런 사례가 많이 발견되고 있지. 예를 들면, 캄보디아 어떤 마을에 우물을 파 줬는데, 그러고서는 그냥 떠나 버린 거야. 사람들하고는 소통을 전혀 안 하고 말이지. 우물을 어디에 파는 게 좋을지 물어보지도 않았고, 우물을 어떻게 사용하는지도 알려 주지 않았어. 아니나 다를까, 몇 달 후에 가 보니 우물은 더럽혀져 있었고, 아무도 사용하고 있지 않았대.

승연이 그렇구나. 현지인들에게 사용법을 충분히 알려 주고, 대화도 충분히 해야 하는 거였네.

적정이 그렇지. 현지인들에게 사용법을 알려 주면, 앞으로도 계속 현지인들 힘으로 그 제품을 사용할 수 있잖아. 고장 났을 때도 쉽게 고칠 수 있고. 즉, 제품이 '지속가능해지게' 되지. 또 사탕수수 숯처럼 직접 만들 수 있는 제품들은, 현지인이랑 같이 실습해 보면 너무 좋을 것 같지 않아?

승연이 그래! 그럼 이것도 되겠네! 현지인들이 제품 만드는 법을 아니까, 아예 그곳에 그 제품을 만드는 조그만 공장을 세울 수도 있겠지. 따라서 경제가 성장하고!

적정이 그러췌! 그 예가 몽골의 지세이버 공장이라고 할 수 있지.

*ODA(Official Development Assistance)는 우리말로 공적개발원조라고 해. 경제적으로 더 발달한 국가가 상대적으로 덜 발달한 국가에게 원조하는 것이라고 이해하면 될 거야.

승연이   야, 적정아, 근데 엄청 배고프지 않냐?

적정이   인정하긴 싫지만… 응. 진짜 배고파.

승연이   그럼 우리 삼겹살 먹으러 가자! 가서 얘기하자, 가서!

적정이   흠… 그래. 거기 가서 두 가지에 대해 얘기하자구. '가격에 민감하라', 그리고 '적정기술 영향력 평가'에 대해서!

승연이   그래, 좋았어! 일단 가자!

적정이   알았어, 이 먹보야! 얼른 가자니까 얼른 가야지! 이야압~.

승연이   으아아아~사람 살류~!!!

가격, 내리고 내리고 또 내려라!
- 저렴한 가격 설정하기

승연이   지글지글. 삼겹살 진짜 맛있겠지, 그치 적정아?

적정이   그래. 하지만 지글거리는 삼겹살을 보고 있자니, 대체 이게 얼마인지 알고 싶군. 2인분이니까… 한 2만 8천 원?

승연이   허걱! 그렇게나 비싸?

적정이   요즘 물가가 얼마나 올랐는데! '금겹살'이란 말도 몰라? 그래도 이건 비싼 것도 아니야! 아, 참. 우리 돈에 대한 이야기 하기로 했지! 너 적정기술 제품을 만들 때 가격이 얼마나 중요한 부분인지 알아?

승연이   잘 몰라. 가격이 왜 그렇게 중요한데?

적정이   이유는 정말 단순해. 가난한 사람들, 구매력이 없는 사람들이 사용하는 제품이니까. 하지만 가난한 사람들이 쓴다고 대충 만들거나, 안 좋은 재료를 쓰는 것도 절대 옳지 않아. 그러니 적정기술 제품을 디자인하는 사람들에게는, 주어진 상황 안에서 가격을 최대로 낮추는 것이 최대 과제라고 할 수 있지.

승연이 어떻게 하면 가격을 낮출 수 있는데?

적정이 음… 여기 표를 봐봐! 폴 폴락Paul Polak이 제안한 제품 가격을 낮추는 방법이야.

- 제품의 기능을 정확히 파악하고, 분명한 가격 목표를 세워라.
- 제품 비용의 큰 부분을 차지하는 것이 무엇인지 파악하고, 큰 비용을 차지하는 것들의 성능을 조금 포기하면서 가격을 낮춰라.
- 제품의 무게와 크기를 줄여라. 가볍고 작은 것이 싸다.
- 그들의 입장에서 철저히 생각해 본 뒤 불필요한 것은 버려라.

세계적으로 매우 왕성한 활동을 하고 있는 적정기술 단체인 킥스타트의 설립자, 마틴 피셔Martin Fisher는 이렇게 말했지. "적정한 가격을 만들려면, 그 지역 시장에서 파는 닭고기와 비슷한 가격을 만들어야 한다."

승연이 오오, 그만큼 저렴해야 한다는 이야기네.

적정이 그래. 엠아이티MIT의 디랩D-Lab에서는 표를 사용해서 제품의 매우 세세한 부품까지 다 가격을 매긴 다음, 더 내릴 것은 없는지 점검한대.

승연이 와, 대단하다. 가격도 적정함을 만드는 요소 중 하나구나. 그런데 가격을 내리는 건 참 어렵겠다.

적정이   그건 그래. 하지만 전 세계의 많은 적정기술 단체들은 최대한 가격을 낮추기 위해 혼신의 힘을 다하고 있지!

적정기술,
깐깐하지만 따뜻한 이중인격의 매력

승연이   적정아~~ 우리 이제 헤어지는 거야? ㅜㅜ.

적정이   뭔 소리야! 니가 적정기술에 대해 생각할 때마다 난 네 머릿속을 들쑤셔 놓을 건데! 절대 마지막이 아니라구!!

승연이   헉스! 웃어야 하나, 울어야 하나? 어쨌든 오늘 여행 너무 고마웠어!

적정이   고래?? 훗—. 나는 니가 오늘 적정기술의 이중인격 매력을 깨달았다면 그걸로 오케이야!

승연이   뭔가… 엄청 생각해야 할 게 많으니까 참 깐깐하면서도… 따뜻한 매력, 섬기는 매력! 그거 맞지?

적정이   그러췌~! 네가 보았듯이, 적정기술은 이름 그대로 '적정'해야 하기 때문에 생각해야 할 것이 많아. 가끔씩은 힘들 수도 있지! 하지만 도움이 필요한 이웃들이 정말 그들에게 필요했던 도움을 받았을 때, 그 행복한 웃음을 볼 때, 너의 그 고뇌는 눈 씻듯이 씻겨 나갈걸?

승연이   오오, 진정으로 그들이 필요한 것에 '집중'하는 것! 이게 바로 적정기술의 핵심이지. 캬~ 근데, 너 울어?

적정이 아… 아니거든!! 나 이제 가서 조… 조금 쉬어야겠어!
승연이 크크! 우는 거 맞으면서! 그럼 이제 이만 헤어지자구! 꼭 멋진 적정기술인이 될게!
적정이 약속했다~? 안 지키면 다시는 삼겹살 안 사 준다! 그럼 안녕!
승연이 그래! 안녕~!

2. 등정을 시작하다

"꿈을 향해 고고고~"

드디어 등정 시작이다.
저 높이 있는 산꼭대기를 향해 소리도 질러 보고,
별것 아닌 일에도 호들갑을 떨며 즐거워하고,
힘들 때는 산 정상을 보며 힘을 불끈 냈다.
적정기술을 향한 등정의 시작이라고 할 수 있는
나의 연습들과 노력들을 담아 보았다.
등정을 시작할 때의 첫 마음이 끝까지 간다면
진정 의미 있는 여정이 되겠지?
적정기술을 향해 한 걸음 내디뎠을 때의 그 첫 마음과 첫 열정,
이곳에 고스란히 담아 본다.

고수의 도움을 받는다
메일 주고받기

나의 '말썽'이 제대로 시작됐다. 장수영 교수님의 강연을 들은 바로 다음 날부터 장수영 교수님, 카이스트 전기전자공학과 경종민 교수님, 그리고 원광대 약학과 손동환 교수님과 메일링을 시작한 것이다. 그렇게 메일링이 시작된 지 벌써 3년이 지났다. 우리는 대부분 적정기술에 대한 내용으로 메일을 채웠다. 완전히 적정기술 새내기였던 나는 적정기술에 대해서 궁금한 것들과, 막막한 마음에 앞으로의 적정기술 진로를 어떻게 하면 좋을지에 대해 주로 여쭤 보았다. 지금 생각해 보면 정말 쉬운 것, 엉뚱한 것들을 여쭤 봤던 것 같다. 예를 들면 이런 질문들이다.

- 교수님께서 보여 주셨던 여러 가지 사례들(굴러가는 도넛 모양 물통 같

은 것)을 설계하고 디자인하는 일은 어떤 단체에 들어가야, 어떤 공부를 해야 할 수 있나요?

- 적정기술을 공부하고 응용하기 위해서 공부하게 되는 내용에는 어떤 것이 있나요? 즉, 적정기술에 관련된 공학 분야는 어떤 것이 있으며, 어떤 것을 공부하게 되는지, 좀 더 자세하게 알고 싶어요.^^

'큐드럼'이라는 이름을 몰라서 '굴러가는 도넛 모양 물통'이라 쓰기도 했고, 얼른 적정기술 공부를 시작하고 싶은데 도대체 무엇부터 공부해야 할지 몰라 갈팡질팡, 헷갈려하던 나의 초보적인 모습이 엿보인다. 그래도 적정기술의 첫 마음을 되새기려 할 때면 언제나 이 메일들을 열어 본다.

처음에는 이 메일링 활동이 내게 그렇게 큰 영향을 미치고 있는 줄 몰랐다. 한쪽에서는 교수님들과 메일링을 하면서도, 한쪽에서는 몸과 팔이 10개여도 모자란 중기중의 '악몽의 수행평가'에 끼어 허우적거리고 있었기 때문이다. 하지만 곧 교수님들께서 해 주신 주옥 같은 말들이 내 삶에 조용한, 하지만 정말 거대한 영향력을 행사하고 있음을 느꼈다. 힘들 때 제일 먼저 교수님의 메일 속 말씀들이 떠올랐다. 적정기술에 대한 열정이 시들해졌다는 생각이 들 때 메일을 읽으면 어느새 장수영 교수님의 강의를 들은 직후의 나로 돌아가 있었다.

한번은 적정기술 진로를 어떻게 정해야 할지 몰라 헤매고 있는데 장수영 교수님께서 내가 좋아하는 과학기술 분야 하나를 택하여 맘껏 공부하고, 부전공으로 산업디자인 등의 디자인 과목을 공부하면 좋겠다고 조언해 주셨다. 처음부터 산업디자인만을 공부하면 진입 장벽이 얕아 보다 많은 적정기술 일을 할 수 없기 때문이라고 하셨는데, 정말 맞는 말 같다.

산업디자인은 제품을 디자인하는 분야다. 냉장고, TV, 핸드폰, 전자기기, 자동차 등 우리 주변의 물건들을 감각적으로 디자인하는 분야다. 하지만 요즘 들어 디자이너들의 공학적인 전문성에 대한 요구가 커지고 있다. 단순히 예쁘게만 만드는 것은 소용이 없다는 것이다. 그 제품에 적용된 기술, 작동되는 원리, 기술적으로 조심해야 할 부분 등에 대한 지식이 없으면 아무리 끝내주는 디자인이라도 제품과는 어우러지지 못하는, 그런 뜬구름 잡는 디자인이 될 수 있다. 그래서 디자인을 전문적으로 배우는 산업디자인보다는 공학을 하는 데 꼭 필요한 과학적 지식을 심도 있게 배울 수 있는 분야를 먼저 공부하라고 조언하신 것이었다.

또한 과학뿐만 아니라 예술, 철학, 인문에도 능통한 사람이 적정기술을 잘할 수 있다고 말씀해 주셨는데, 적정기술을 알아 가면 알아갈수록 그 말씀이 맞음을 느낀다. 적정기술은 기계만 만지는 분야가 아니라 사람의 손을, 마음을 만지는 분야이다. 그래서 디자인과 설계에 감성을, 따뜻한 마음을, 그들의 삶에 대한 엄청난 이해를 바탕으로 깔아 두어야 한다. 기계만 능숙하게 잘 만진다고 적정기술 일을 잘 할 수 있을까? 아마 아닐 것이다.

교수님들의 메일은 적정기술뿐 아니라 삶의 자세를 잡는 데도 도움이 되었다. 손동환 교수님은 '리더'에 대해 말씀하시면서 리더는 사람들 앞에 그리고 밑에 서는 것인데, 앞에 선다는 것은 솔선수범을, 밑에 선다는 것은 겸손을 나타낸다고 하셨다. 또한 리더십은 끌고 가는 것이 아니라 마음을 얻는 것이라는 말씀도 해 주셨다. 이 말씀은 반장 선거를 나갈 때 해 주신 말이어서 더욱 큰 도움이 되었다.

정리하면 보인다
포트폴리오 대회

    때는 중학교 1학년의 끝자락, 진로 교육이 활발하게 진행되고 있던 시기였다. 그리고 내가 적정기술 비전을 만난 지 약 2주째 접어드는, 설렘과 흥분의 정점 가운데 있을 때였다. 그 당시 나는 적정기술 비전을 발견했다고 좋아서 교무실과 온 복도를 칠렐레 팔렐레 뛰어다니며, 아무나 붙잡고 적정기술 이야기를 해 댔던 것으로 기억한다. 그것을 보신 담임 선생님께서 나를 안쓰럽게(ᄊ) 여기시고, 수원시 교육청에서 주최하는 학생 포트폴리오 대회에 나가 보지 않겠느냐고 권유해 주셨다. 나의 대답은 당연히 "오케이!"였다.

    지금도 진행되고 있는지는 잘 모르겠으나, 이 포트폴리오 대회는 학생이 자신의 꿈을 위해 어떤 노력을 해 왔는지를 보여 주는 자료를 모아, 효과적으로 재구성해 보는 대회였다. 비록 적정기술 비전의 역사는 약 2주로 매우 짧지만, 내가 나름대로 해 온 메일링과 적성검사 등의 노력들을 정리해 볼 수 있는 경험이 아닌가? 왠지 매우 역동적인 출발인 것 같아 기분이 좋았고, 주어진 시간은 짧았지만 최선을 다해 준비했다.

원래 여러 가지를 모아서 끼우고 잘라 붙이는 것을 좋아하지만 이렇게 정식으로 나를 소개하는 포트폴리오를 만든 것은 처음이어서, 과정은 많이 어려웠다. 하지만 무척 재미있었다! 적정기술에 대한 소개와 어떻게 적정기술 꿈을 갖게 되었는지를 이야기했다. 또 교수님들과 주고받은 메일 자료들, 30년 후 적정기술 공학설계 디자이너로 사방팔방 뛰어다니고 있을 미래의 나를 인터뷰한 기사, 그리고 내가 어렸을 때 만들었던 수많은 책들을 파일에 꽉꽉 채웠다. (지금 그 포트폴리오를 다시 보면 적정기술에 대한 설명들이 얼마나 서툴게 느껴지는지!)

내 생애 첫 포트폴리오를 만들면서 나는 적정기술 진로에 대해 처음으로 진지하게 생각하고 설계해 볼 수 있었다. 꽤 느낌 좋은 출발이었다.

관심을 놓지 않는다
논문 쓰기

내가 나온 중기중은 졸업 전에 꼭 책 한 권은 쓰고 졸업하는 전통이 있다. 이것이 바로 중기중의 명물, '청소년 작가 프로젝트'다. 각자의 관심 분야와 꿈에 대해서 2년간 탐구한 내용과 모아 둔 자료들을 자신의 언어로 정리해 출판하는 정말 멋진 프로젝트였다. 직업 인터뷰든, 현장 경험이든, 자신의 생각을 적은 글이든 어떤 형태로든지 꿈을 향한 학생의 노력을 종이 위에 마음껏 피력하는, 정말 최고의 프로젝트였다는 생각이 든다.

사실 말이 출판이지, 프린트해서 제본한 책 형태의 간이 출판물이었다. 하지만 그 내용은 가히 '책'이라 부를 수 있을 만큼 우리들의 열정과

정성으로 넘쳐흘렀다. 소설가가 꿈인 한 친구는 150페이지가량의 소설을 출판해 모두의 감탄을 자아냈다. 내 논문의 제목은 『따뜻한 기술, 적정기술 이야기』. 당~연~히! 주제는 적정기술이었다. 주제가 내 꿈이니 논문은 술술 잘 써질 줄 알았다. 그러나 크나큰 착각이었다. 그때부터 2년간의 고된 집필이 시작됐다.

자료 준비를 위해 나는 겨울방학 동안 매일 적정기술 관련 도서를 무시무시한 속도로 읽어 나갔다. 아마 그때가 적정기술 관련 지식을 가장 많이 흡수한 시기가 아니었나 싶다. 스펀지처럼, 내 눈에 들어오는 모든 지식을 머릿속에 집어넣었다.

책 말고도 적정기술 관련 책자들, 국내와 국외 적정기술 사이트까지 모두 파헤치며 적정기술 정보를 모았다. 이 지식들을 나의 언어로 풀어내어, 내 친구들에게 이해시키겠다는 마음으로 정리했다. 이렇게 나의 말로 지식을 정리하니 자동으로 머릿속에 차곡차곡 쌓였다. 한 장 한 장 채워지는 나의 첫 적정기술 논문을 볼 때마다 얼마나 흐뭇했는지!

관련 독서 말고도 이 논문은 엄청난 '이리저리 뛰어다니기', 즉 추천사 요청과 온갖 인터뷰 요청을 요했다. '이리저리 뛰어다니기'는 내 주특기이지만 결코 쉽지 않았다. 너무너무 쑥스러웠기 때문이다! 먼저, 공학설계 아카데미에 참여했던 대학생 선배 20명에게 '적정기술은 ○○○이다'라는 코멘터리를 써 달라고 부탁했다. 또, 적정기술 진로를 여쭤 보기 위해 장수영 교수님을 인터뷰하러 포항까지 달려갔다. 이렇게 우여곡절을 거쳐 쓴 나의 소중한 논문은 지금 무게감 있는 책 한 권이 되어 내 책상 한쪽에 가지런히 놓여 있다. 음, 한 70페이지 정도 된다. 어떻게 보면 가장 처음으로 적정기술에 대한 나의 지식을 '집대성'한 종이 뭉치라고 할 수 있다. 책이 나왔을 때 정말 뿌듯했다.

책이 곧 선배다
참고도서 읽기

　내 책장 한쪽을 자랑스럽게 채우고 있는 적정기술 관련 도서 한 덩이들. 처음 이 책들을 읽을 때는 무슨 말인지 하나도 알아듣지 못하는 경우가 대부분이었다. 특히 (사)나눔과기술에서 펴낸 『36.5도의 과학 기술, 적정기술』을 읽을 때 가장 심각했다. 손화철 교수님의 『현대기술의 빛과 그림자』를 읽을 때도 멘붕이 찾아왔다. 하지만 어떻게든 이해는 하고 싶어 두 권 모두 최소 3번은 읽었다. 책에 밑줄 그어대며 치열하게 읽던 그때가 생각난다. 음, 이참에 지금까지 읽은 적정기술 관련 책들을 한번 소개해 볼까?

『토플러&엘륄: 현대기술의 빛과 그림자』 손화철, 김영사

산업혁명 이후 급속도로 발전한 기술이 그 발전 과정에서 무엇을 놓쳤는지를 생생한 사례들을 통해 알려 주고, 그 기술 흐름 속에서 적정기술의 필요성을 일깨워 준 책이었다. 처음에 읽었을 때는 많이 어려웠지만 다양한 인물과 흥미로운 기술사 사건들이 양념처럼 들어가 있어 곱씹을수록 너무나 재미있다. 꼭 읽어 볼 것을 강추. 이 책을 읽고 나는 시대적인 맥락 안에서 적정기술의 중요성을 깨닫는 매우 짜릿한 경험을 할 수 있었다.

『36.5도의 과학 기술, 적정기술』 (사)나눔과기술, 허원미디어

맨 처음 적정기술 개념을 공부하는 데 아주 많은 도움이 되었던 책이다. 뭐, 딱 읽었을 때 이해가 안 되는 부분이 정말 많아서 쩔쩔매긴 했지만…. (사)나눔과기술의 교수님들께서 적정기술에 대해 얼마나 해박한 지식과 연륜, 열정을 가지고 있는지 몸으로 느낄 수 있는 정말 알찬 책이다. 맨 뒤에 소개되어 있는 차드 건망고 프로젝트, 캄보디아 태양광 지붕 설치 프로젝트 등은 정말 옆에서 보듯 생생하게 생중계되어 있어 가상으로 적정기술 프로젝트를 체험해 보기에 안성맞춤이다.

『소외된 90%를 위한 디자인』 스미소니언연구소, 에딧더월드

시원시원한 크기의 적정기술 사진들이 참 마음에 들었던 책이다. 직접 적정기술 프로젝트에 참여했던 사람들이 적정기술에 대해 나누는 이야기들, 인터뷰들, 그들만의 디자인 원칙 등 흥미로운 내용이 맛있게 첨가되어 있다.

『소외된 90%와 함께하는 디자인 : 도시편』 박경호·유선영, 에딧더월드

두께가 만만치 않았지만 내가 정말 관심있어하는 '도시설계'에 대한 책이기에 큰 고민 없이 덥석 잡았던 책이다. 이 책에 소개된 프로젝트들은 기존 프로젝트와는 뭔가가 달랐는데, 바로 현지인을 적극적으로 참여시킨다는 점이었다. 자기들이 사는 환경을 자기들의 요구사항을 담아 변화시키고 재구성할 수 있는 기회, 도시 적정기술 프로젝트! 정말 탁월한 아이디어였다고 생각한다. 후에 적정기술 프로젝트를 진행할 때 최대한 많은 시간을 현지인들과 보내고 싶다는 생각을 하게 되었다.

『욕망하는 테크놀로지』 이상욱 등저, 동아시아

이 책 또한 맹목적으로 발전한 현대기술의 문제점을 날카롭게 지적한 책이다. 이러한 비판적인 책들은 기술 보는 눈을 성장시켜 주었다. 무조건 '첨단기술은 좋다'고 말하는 것이 아니라, 그 기술이 인간에게 미친 영향에 대해 한 번 더 생각하고 검토하는 습관이 자연스럽게 몸에 뱄다!

『적정기술, 현대문명에 길을 묻다』 김찬중, 허원미디어

적정기술과 현대문명. 이제껏 많은 적정기술 자료를 뒤적거렸지만 도통한 문장, 심지어 한 문단에도 좀처럼 함께 등장하지 않는 요상한 조합이었다. 하지만 저자에 대한 신뢰가 있었기 때문에 나는 망설임 없이 책을 집어 들었고, 너무나 즐겁게 향유하고 있다. 이 책은 저자의 블로그에 있는 글들이 내용의 주를 이루고 있다.

여기서 현대문명은 산업혁명 후 변화된 우리 삶의 양식, 하이테크놀로지,

지속가능성을 고려하지 않은 맹목적 개발이 낳은 환경파괴 현상 전체를 일컫는다. 저자는 이 책에서, 현대문명에 의해 훼손되고 왜곡된 자연을 적정기술이 어떻게 회복시킬 수 있는지, 적정기술이 인간과 자연을 어떻게 화해시키고 지구 본래의 모습으로 돌려놓을 수 있는지, 그 방법을 제시한다. 장마다 흥미로운 예시들이 많아 화장실 등 급한 용무가 아니면 도무지 손에서 놓을 수 없는 책이다. 예사롭지 않다. 꼭 읽어 보시길.

『청소년을 위한 환경 교과서』 클라우스 퇴퍼·프리데리케 바우어, 사계절

내가 읽은 환경 관련 책 중 가장 알차고 정직한 글로 채워진 책이다. 먼저 세계가 어떤 환경문제로 고통 받고 있는지를 서두에서 정확하게 지목한다. 그 뒤부터는 다양한 환경문제를 청소년의 눈높이에 고정시켜 자상하게 설명한다. 이 책은 우리 청소년들이 지구가 겪는 다양한 환경문제들에 대해 무엇을 알아야 하는지 정확하게 알려 준다. 그 문제를 일으킨 나라 혹은 집단, 정치적인 구도, 해결 방법, 해결에 응용되는 기술 등을 상세하게 설명하고 있어, 청소년을 위한 최적의 환경문제 해결 매뉴얼이라고 생각한다. 환경에 대한 열정을 탑재하기에 정말 좋은 책이다.

『무엇이 되기 위해 살지 마라』 백지연, 알마

김용 총재를 아시는가? 동양인 최초 다트머스대학 총장, 현 세계은행 총재 등 모두의 감탄을 자아내는 직함들을 거쳤다. 하지만 그는 이 직함들을 위해 살아오지 않았다. '무엇'이 되기 위해, 즉 모두의 부러움을 받는 어떠한 위치 혹은 직함을 획득하기 위해 살아오지 않았다. 대신 무엇을 '해야

할지를 생각했다. 명사가 아닌 동사로 표현되는 목표를 갖고 살아온 것이다. '세상을 변화시키기 위해 나는 지금 무엇을 해야 하나?' 그는 이 질문을 던지고 홀연히 페루로 떠난다. 페루의 한 마을에 병원을 세웠다. 탁월한 화술로 보스턴 브리검영병원에서 복제약을 몰래 얻어오는 데 성공, 고스란히 페루의 작은 병원으로 보낸다. 현대판 홍길동인 셈이다.

지금 당장 무엇을 해야 할지를 알고 그에 따라 규모 있게 행동하는 사람의 삶은 역시 다르다는 것을 발견했다. 김용 총재의 삶의 자세는 내가 적정기술을 비전으로 찾은 후, 적정기술이 정말 나의 갈 길이 맞는지를 확인할 수 있도록 본보기가 되어 주었다. 세상의 필요에 귀 기울여 비전을 찾은 나 자신을 칭찬해 주는 것만 같았다.

내가 적정기술을 처음 만난 3년 전만 해도 한국에는 적정기술 관련 책은 거의 위에 나와 있는 책들밖에 없었다. 이 몇 권의 책들을 읽고 읽고 또 읽으면서 지금 내가 갖고 있는 적정기술에 대한 지식을 쌓은 셈인데, 혼자 하는 공부이기에 힘들고 막막할 때가 정말 많았다. 엑기스 적정기술 강의가 있으면 얼마나 좋을까 하는 생각도 종종 들었는데, 한편으론 이렇게 독학을 하니 내가 마치 적정기술 분야를 '개척'해 나가고 있는 것 같아 뿌듯한 마음마저 들었다.

여기서 잠깐,
승연이의 독서습관 전격 공개!

● 꼭꼭 씹어 먹는다!

모름지기 맛있는 음식은 꼭꼭 씹어 먹으며 그 맛을 속속들이 느껴야 제 맛! 좋은 책도 그런 것 같다. 좋은 내용일수록 곱씹어 보면서 머릿속에서 재구성하고, '나의 것'으로 만드는 것보다 더 좋은 책 읽기 방법은 없는 것 같다. 하지만 좋은 책들은 대부분 내용도 너무 어렵다. 나도 적정기술 책들을 처음 읽을 때는 울고 싶은 심정이었다! 하지만 그러면 그럴수록 이해될 때까지 읽어 보는 것 말고는 대안이 없다는 사실을 새삼 느낀다. 조금만 진득하니 엉덩이를 붙이고 읽어 보기! 나의 첫 번째 독서 습관이다.

● 한 분야에 대한 책이라도 편식하지 않는다!

제목에 '적정기술' 자가 들어가야만 적정기술 책이다? 노노! 나도 처음엔 그렇게 생각해서 제목에 '적정기술' 네 자가 들어간 책을 찾으려고 했는데, 그게 아니었다. 『현대기술의 빛과 그림자』처럼 현대기술의 폐해를 지적하는 책들, 『적정기술, 현대문명에 길을 묻다』처럼 현대에 나타나는 다양한 현상들을 적정기술의 시선으로 풀어내면서 그 안에서 적정기술의 본질을 강조하는 책들도 얼마든지 있었다. 핵심 분야와 조금 다르면서도 뭔가 연결되어 있는 책, 그럼으로써 그 분야에 대한 지식을 넓게 '확장'시켜 줄 수 있는 책! 이런 책들을 별미처럼 곁들여 읽는 것이 금상첨화란 걸 알았다.

● **전문가들의 추천도서 목록을 받아 보자!**

나는 교수님들과 메일을 주고받으면서 적정기술 추천도서 목록을 받았다. 교수님들이 아니었다면 도대체 무슨 책을 읽어야 할지 감도, 방향도 잡지 못했을 것이다. 교수님들은 『토플러&엘륄 : 현대기술의 빛과 그림자』, 『욕망하는 테크놀로지』, 『천로역정』 등을 추천해 주셨는데, 정말 하나같이 알차고 신뢰할 수 있는 책들이었다. 전문가들도 그 책을 읽으며 공부해 오셨을 것이기 때문에, 내용은 다소 어려웠지만 즐겁게 읽으려고 했다.

Doing is Learning
실제 설계해 보기

'스마트 시대'라고 불리는 요즘, 말 그대로 '일주일에 한 번씩' 기능이 업그레이드 된 새로운 스마트폰이 쏟아져 나오는 요즘…. 하지만 이 많은 종류의 스마트폰들 중에서 정작 장애인을 고객으로 삼은 스마트폰은 거의 없다. 2G 핸드폰까지는 장애인 전용 기종과 요금제가 있지만, 최근 급격히 개발되고 있는 스마트폰 중에는 아직 장애인을 위한 기종이나 어플리케이션이 없는 것이 사실이다.

이렇게 안타까운 상황에서 내가 무언가를 해 볼 수 있는 기회가 찾아왔다. 바로, 사이버 창의성 대회. 선생님의 소개로 알게 된 이 대회는 경기학교 발명교육연구회가 초·중·고등학생을 대상으로 주최한 대회였다. 이 대회야말로 내가 적정기술 공학설계를 실습해 볼 수 있는, 한국의 장애인들을 조금이라도 도울 수 있는 절호의 찬스라는 것을 알았다. 이 대회의 주제는 바로 '장애인이 사용할 수 있는 스마트폰 어플리케이션 디자인'이었다. 이런 대회가 좀 많이 생겨야 되는데…. 적정기술의 대상은 개발도상국 사람들일 수도 있고, 내 주변인이 될 수도 있는 것 아닌가.

시각장애인을 위한 스마트폰 길 찾기 어플리케이션

어떤 종류의 장애에 도움을 주는 앱을 만들지 고민한 끝에, 나는 시각장애인을 위한 '길 찾기' 앱을 디자인해 보기로 했다. 여기엔 다 이유가 있다. 안내견이 필요하지만 안내견을 살 경제적 여력이 없거나, 가족이나 본인이 동물을 좋아하지 않아 키우기가 불가능한 시각장애인들의 길 찾기를 스마트폰 앱을 통해 해결해 보고자 했다.

나의 아이디어는 바로 스마트폰 케이스와 '진동'을 이용하는 것이었다. 시각장애인들은 시각을 잃은 대신에 상대적으로 촉각, 청각 등 다른 감각에 매우 뛰어나다고 한다. 바로 이 점에 착안하여, 스마트폰 케이스에 느껴지는 '진동'으로 사용자가 갈 방향을 알려 주는 형식의 길 찾기 시스템을 설계해 보았다.

우선 고무 재질의 스마트폰 케이스에 동서남북 방향으로 4개의 홈을 판다. 사용자가 스마트폰을 잡았을 때 네 개의 손가락이 자연스럽게, 딱! 그 홈들에 닿게끔 인체공학적으로 디자인한다. 그럼 이제 나와 함께 잠시 시각장애인 사용자가 되어 보자. 오랜만에 이미지 변신

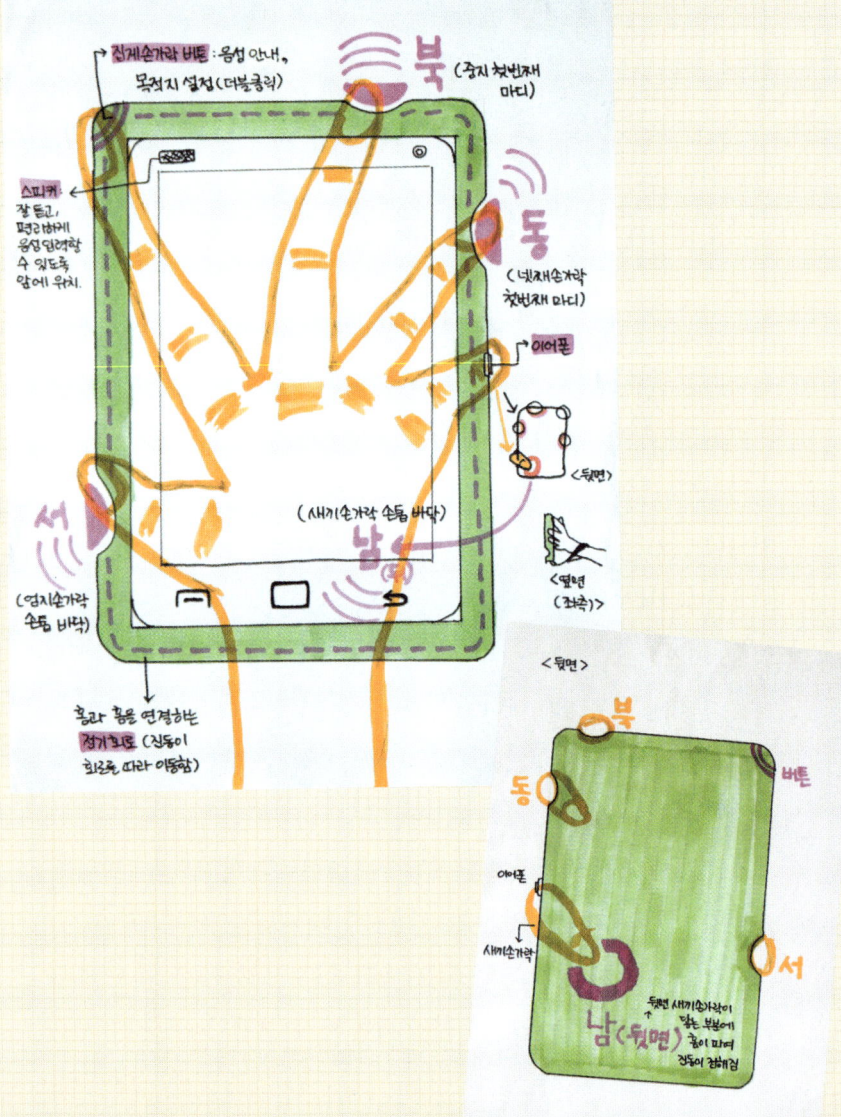

을 위해 미용실에 가고 싶어진 나. 스마트폰에 미리 저장해 두었던 동네 미용실 주소가 생각난다. 보이지 않는다고 걱정할 필요 없다. 음성인식을 통해 스마트폰은 미용실까지 가는 경로를 찾아 줄 테니까. 나는 스마트폰에 대고 "끼끼헤어!"라 외친다. 좀만 기다리면 스마트폰이 '끼끼헤어'까지의 경로를 찾았다는 알림을 음성으로 알려 줄 것이다.

그럼 이제 나는 외출 준비를 하고, 스마트폰을 잡는다. 동서남북 방향으로 파인 네 개의 홈에 네 손가락이 딱딱 맞아 기분이 좋다. 집을 나서자 어딘가에서 경적 소리와 사람들의 이야기 소리가 들려 조금은 무섭다. 그래도 힘을 내서 스마트폰의 시작 버튼을 클릭한다. 그때부터 스마트폰은 진동을 통해 내가 걸어가야 할 방향을 알려 준다. 직진을 할 때는 북쪽으로 계속해서 진동이 왔다가, 왼쪽으로 꺾어야 할 때는 그 진동이 동쪽으로 옮겨 가는 것을 느낄 수 있다. 앗, 근처에서 왜앵~ 하는 오토바이 소리가 들린다. 그러자 스마트폰이 말 그대로 난리를 친다. 징-징-징 하는 패턴의 진동을 오토바이가 지나갈 때까지 울려 준다. 또 횡단보도가 가까워 오자 짧은 징! 징! 징! 소리가 들린다. 또 계단이 나타나자 이번에는 징징징지징징징징- 하는 조금은 경망스러운 진동이 손으로 전해진다. 이렇게 스마트폰 진동과 함께 끼끼헤어까지 무사히 왔다. 다시 집으로 돌아갈 때는 '왕복' 버튼을 누르면 된다.

자, 나와 함께 이 어플리케이션을 사용해 본 소감은? 이러한 아이디어를 바탕으로 이 스마트폰 케이스의 설계도를 그려 보았다. 꼭 진짜 케이스를 만드는 것처럼 재미있고 신났다. 이 케이스가 정말로 상용화 되면 좋겠다는 생각을 얼마나 했는지 모른다.

또 시각장애인 전용 스마트폰 요금제도 만들었다. 시각장애인이 사용할 수 없는 문자알의 개수를 감소시키고, 음성통화 알을 대폭 늘리는 요금제였다. 이렇게 나의 첫 적정기술 제품을 설계해 보았고, 결과는 세상에! 우수상을 받았다! 상 받은 것도 좋았지만, 장애인을 위한 스마트폰 설계에 이렇게 사람들이 관심을 갖는 사회 분위기가 너무 마음에 들었다. 나도 커서 적정기술인이 되면, 이런 대회를 정말 많이 만들 것이다.

감각통합장애 친구를 위한 신발 깔창 설계

나의 세 번째 적정기술 설계는 바로, 같은 학교에 다니는 지체장애인 친구를 위한 신발 깔창! 엥? 깔창이 적정기술 제품이야? 하는 사람들이 많을 테지만, 깔창도 '엄연한' 적정기술 제품이다. 내가 깔창을 만들어 준 친구는 '감각통합장애', 즉 자극이 너무 강하게 느껴지는 장애를 갖고 있는 친구였다. 예를 들면 크리스마스트리에 매달린 꼬마전구 불빛이 너무 밝게 느껴지고, 모기가 앵앵거리는 소리가 너무 크게 느껴지고, 엘리베이터가 너무 빠르게 느껴지는 등 감각에 대해 다른 사람들보다 더 예민한 반응을 보이는 장애이다. 특별히, 이 친구는 발바닥에 오는 자극이 너무 강하게 느껴져 힘들어하고 있었다. 울퉁불퉁한 바닥, 자갈들, 문턱, 바닥에 놓인 가위 등등 우리는 아무렇지 않게 밟고 지나가도 괜찮지만, 감각통합장애를 가진 친구들에게 위협이 될 수 있는 자극은 얼마든지 있다. 우리에게는 아무렇지도 않은 아픔, 따가움 정도지만, 이런 친구들에게는 아주 큰 고통이 될 수도 있는 것이다. 나는 이 문제를 해결하고자 발바닥에 오는 충격을 흡수해서, 강한 자극도 약하게 느껴지도록 하는 충격 흡수 깔창을 설계해 보았다.

이 깔창의 관건은 바로 소재였다. 그래서 충격 흡수를 잘하는 소재를 찾기 위해 온 집과 쓰레기장을 뒤졌다. 이 재료들을 가지고, 그 친구의 발사이즈를 재서 조금은 엉성한 깔창을 뚝딱뚝딱 만들어 보았다. 그리고 이 깔창들을 그 친구와 내가 직접 신고 실험해 보았다. 일단 친구의 반응은 '편하다'는 것이었다. 하지만 날카로운 비판이 이어졌다. 자신의 발에 비해서 너무 작다는 말에 나는 땀 두 방울을 찍 흘렸다.

직접 만들어 본 깔창.
친구의 발 사이즈에 맞추느라 운동화 속
천 깔창을 꺼내 사이즈를 본뜨기도 했다.

내가 혼자 진행한 실험에서는 이 깔창을 깐 신발을 신고 지우개, 문턱, 올록볼록한 바닥 등을 밟아 보면서 충격 흡수 정도를 평가했다. 이렇게 해서 드디어 최종 소재를 골랐는데, 바로 골판지, 일명 뽁뽁이, 스티로폼이었다. 이 소재들을 보면 공통적으로, 사이사이에 공기가 차 있는 틈이 많다는 것을 알 수 있다. 이 공기가 충격을 공간 중으로 분산시켜서 충격의 정도를 줄여 준 것이 바로 내 깔창의 원리다.

이렇게 해서 최종 깔창 한 세트가 완성되었다. 실험 과정은 한마디로 실패의 연속반응이었다. 밤새도록 깔창을 열심히 만들어 갔는데 정작 그 친구의 발에 비해 너무나 작아 다시 만들기도 했다. 또 반드시 그 친구에게 하루 종일 신겨 본 후 인터뷰를 해야 했는데, 친구가 너무 피곤하다고 도망가 버린 적도 있다. 그뿐인가? 고양이가 재료를 다 물어뜯기도 했고, 실험을 거듭하면 거듭할수록 개선해야 할 점이 너무 많이 보여 힘이 쭉쭉 빠지기도 했다.

하지만 나의 이 깔창이 그 친구의 힘듦을 해결할 수 있다는 사실 하나로 힘이 불끈불끈 났다. 그래서 힘들어도 2차 개선 작업까지 해냈다. 깔창 재료 구성을 2번 바꾼 것이다. 고맙게도 그 친구도 나의 깔창을 좋아해 주었다.

깔창과 길 찾기 앱 등을 설계해 보면서 제3세계에 있는 사람들을 돕는 것도 중요하지만, 가까운 곳에 있는 사람들을 돕는 것도 적정기술의 큰 과제라는 깨달음을 얻었다. 정말 '직접' 해 보는 것을 당해 내는 것은 없는 것 같다.

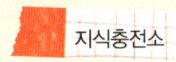

지식충전소

장수영 교수님을 만나다

이분 덕분에 적정기술과 나의 운명적인 만남이 가능했다. 삶 속에서 선택의 길목마다 우뚝 선 가로등이 되어 주신 분. 적정기술이라는 또 하나의 멋진 세상을 활짝 열어 주신 영원한 나의 멘토. 이분의 백만 불짜리 미소에 무장해제되지 않을 사람이 있을까? 장수영 교수님은 현재 포항공과대학교 산업경영학과 교수님으로 계시며, (사)나눔과기술의 공동대표로 열심히 적정기술 활동을 하고 계시다. 장수영 교수님과 적정기술에 대한 진솔한 이야기를 나누어 보았다. 교수님께 있어 적정기술은 어떤 의미인지, 적정기술을 하시면서 보람과 힘듦은 무엇인지, 적정기술을 하려면 어떤 덕목을 갖추어야 하는지…. 이곳에, 교수님의 입에서 나왔던 황금 같은 말씀들을 고스란히 담았다.

> 포항공과대학교 교수님으로서 적정기술에 관련해서는
> 구체적으로 어떤 일을 하시나요?

크게 3가지로 추릴 수 있어요. 첫째는 '가르치기'예요. 공학 전공 대학생들과 승연이 같은 학생들에게 적정기술과 그 중요성을 가르치는 일을 하죠. 또 2, 3년 전부터 오디에이(ODA) 차원으로 우리나라의 개발 모델 및 기술을 배우러 오는 개발도상국 공무원들에게 적정기술 교육을 실시하고 있습니다.

둘째, '홍보'입니다. 굿네이버스, 기아대책 등 국내 엔지오(NGO)들과

기업들, 그리고 정부 오디에이 기관에게 적정기술을 홍보하죠. 최근 기업의 사회적 공헌 차원으로 적정기술에 관심을 보이는 기업들이 급격히 늘어나서, 눈코 뜰 새 없이 바쁘네요.(웃음)

셋째, 제가 속한 (사)나눔과기술 교수님들과 함께 실제 적정기술 프로젝트에 참여합니다. 지금까지 참여한 프로젝트로는 캄보디아 태양광 지붕 제작 프로젝트, 차드 건망고 맛 개선 프로젝트, 차드 사탕수수 숯 제작 프로젝트, 몽골 지세이버 개선 프로젝트 등이 있어요.

캄보디아에서는 전기가 안 들어오는 시골 지역에서 태양열 발전판을 집 지붕에 설치해 전기를 스스로 생산하고 사용할 수 있게 해 주었어요. 차드에서 실험을 수차례 반복하면서 가장 맛있는 건망고 맛을 찾아내 건망고 상인들의 수익을 올려 주었고요. 또 사탕수수 숯 제작 프로젝트에서는 아이티에서 쉽게 버려지는 사탕수수 찌꺼기를 재활용해 연기로 인한 호흡기 질환을 예방하는 건강한 숯을 만들었어요. 그리고 지세이버 개선 프로젝트에서는 몽골 천막주택의 난방기구인 지세이버의 효율을 더욱 높이는 개선 프로젝트를 진행했지요. 카이스트 적정기술 동아리 아트리움AtRium과 함께했죠.

> 적정기술이라는 분야는 어떻게 알게 되셨나요?
> 그리고 왜 이 일을 교수님의 비전으로 정하셨나요?

포항공과대학교 교수가 된 후 활발히 연구를 하는 등 교수로서 열심히 과학 관련 일을 했지만, 뭔가 시원하지 않다는 불편함이 항상 저를 괴롭혔어요. 찜찜했죠. 그렇게 고민을 거듭하다, 문득 제가 기술을 '팔고' 있었음을 깨달았어요. 사실, 사람들은 기술을 두려워해요. 기술이 주는 혜택은 눈부시지만, 가진 자만이 기술을 누릴 수 있다는 생각 때문이죠. 저는 제가 사람들의 그 두려움을 이용해서 기술을 '팔고' 있었음을 깨달았어요. '내가 이 기술을 잘 다룰 수 있으니까 연봉, 연구비 잘 주시면 이 기술을 여러분 편으로 만들어 드리겠습니다!' 약간의 무당 같은 논리였죠.

그러던 중 (사)나눔과기술이 만들어졌고, 저는 그 단체에 가입했어요. 또 제가 미국에서 에이에스에이ASA라는 학회를 행사 차 방문한 적이 있었는데, 그곳에서 'technology for the poor'라는 부스 이름을 보았어요. 세 가지 생각이 연달아 들더군요. 첫 번째. '와, 그것 참 좋은 거네.' 그다음. '원래 가난한 자들을 위한 것이 기술 아닌가?' 마지막. '아, 기술이 돈 있는 사람들을 위해서만 존재했었구나!' 저는 이 학회를 통해 '가난한 사람들을 위한 기술', 즉 적정기술의 개념을 처음 접했어요. 그때 깨달았죠. '아, 과학기술인으로서 내가 해야 할 일은 기술을 파는 것이 아니라, 기술이 제일 긴급한 곳에, 가장 힘든 곳에 과감히 기술을 쏟아 내는 것이겠구나.' 그때부터 저의 비전과 신념이 확고해졌죠. 한국에 돌아와서 적정기술 이야기를 (사)나눔과기술 회원들께 해 드렸더니, 그분들 반응이 너무 좋았어요. 그때부터 저희가 적정기술 활동을 시작한 겁니다.

> 적정기술 일을 하기 위해 특별한 공부나 준비를 하셨나요?
> 하셨다면 어디서, 어떻게 준비하셨나요?

특별히 따로 공부를 하지는 않았습니다. 하지만 '세계관'에 대한 공부를 하면서, '세상이 무엇인가 잘못되어 있다'는 문제의식을 느끼는 경험, 그 문제의식을 찾아가는 훈련을 했죠. 그랬더니 '과학기술은 이 틀어진 세상을 바로잡기 위해 과연 어떤 역할을 해야 하는가?' 하는 의문이 문득 떠오르더군요. 저는 그 답으로 적정기술이 떠올랐습니다. 과학기술인으로서 이러한 질문과 반성은 지금도 제 머리를 떠나지 않고 있고, 앞으로도 제 삶 전체를 통틀어 계속 이어져야 한다고 생각합니다. 항상 저 스스로에게 과학기술인으로서의 책임을 묻고 반성했던 것이 적정기술을 위한 준비라면 준비였다고 생각합니다.

> 그렇다면 교수님께서 보실 때, 적정기술 일을 하기 위해 어떤 준비를
> 해야 하나요? 어떤 공부를 하고, 어떤 경험을 쌓아야 하나요?

'뭐든지 열심히 하라'는 진부한 대답을 줄 수밖에 없는 이유는 적정기술이 '의학', '물리학'과 같은 하나의 학문이 아니라 공학, 디자인, 경영, 문화, 환경 등 다른 갖가지 분야들의 융합체이기 때문이에요. 그래서 적정기술을 하려는 학생들은 무엇보다도 '넘나들어야' 합니다. 즉 융합을 몸에 배게 해야 합니다. 자신의 전공분야 하나만 공부하면 적정기술을 잘할 수 없어요. 다른 사람이 공부하는 분야에도 기웃거려 보고, 다른 분야의 사람들이 뭘 그렇게 밤새도록 머리 싸매며 고민하는지, 그것을 궁금해해야 하는 것이죠.

넘나드는 것의 가장 핵심은 바로 '질문'입니다. 다른 분야에 대한 질문 말이죠. 또 당연하게 받아들여지던 세상의 질서에도 낯선 질문을 던져야 합니다. 적정기술인은 한마디로 문제를 '해결'하는 사람입니다. 특정한 지역과 그곳 사람들이 겪고 있는 문제를 찾아내어 그들에게 가장 적정한 방법의 해결책을 창조하는 것이 적정기술입니다. 문제를 해결하려면, 먼저 그 문제가 무엇인지 알아야겠죠. 따라서 적정기술을 하기 위해서 준비해야 할 것은 여러분 같은 학생 때부터 '질문'을 던지는 것입니다.

예를 들어 공학을 하는 사람이라면, 제품 설계만 하고 끝내는 것이 아니라 '공학 아닌 다른 분야'에 대한 질문을 던져야 해요. '이 기술은 어떤 의미를 가지지? 이것을 사용하는 사람들은 어떤 삶의 변화를 겪게 될까? 이것이 없다는 것은 무엇을 의미하나? 사회적으로는

어떤 의미일까? 경제적인 평등, 또는 민주화와는 어떤 상관관계가 있을까?' 등등. 이런 질문을 통해 공학자의 제품에는 질문을 던지기 전에는 결코 확보할 수 없는 '적정성'이 흘러들어 가게 되죠.

공학 말고 다른 일을 하는 사람이라면, 자신의 분야와 적정기술을 연결시켜 봐야 하죠. 기업가는 어떻게 하면 자기 기업의 구조를 소외된 이웃에게 기여하는 구조로 만들 수 있을지, 머리 싸매며 고민할 수 있어요. 또 의사는 자신이 잘 아는 의료기기를 어떻게 적정기술 제품으로 개조할지 연구해 볼 수도 있죠. 이렇게, 각 분야의 사람들이 결심만 한다면 모두 적정기술 일을 할 수 있어요. 가장 중요한 것은 무슨 직업을 갖든, 자신이 하고 있는 일에 대한 점검 질문, 그리고 다른 분야에 대한 호기심 질문입니다.

이 '질문하는 태도'는 공부 태도로까지 이어질 수 있어요. '답보다는 문제를 찾으려고 하는' 태도. '사과는 왜 아래로 떨어지지?' 이 질문에 사람들은 '원래 그런 거야'라며 무시했지만, 뉴턴은 '원래 그런 거야'에 대한 질문을 던졌죠. 그런 탁월한 질문에 대한 답의 가치는 어마어마해요. 논문의 가치는 사실 그 논문이 던지는 질문에 달려 있어요. 정말 어려운 것은 탁월한 질문을 찾는 것이지, 그 답을 찾는 것이 아니랍니다.

일맥상통하는 이야기로 적정기술 일을 하기 위해서는 누구든지 찾을 수 있는 '해답'보다는 '탁월한 질문'을 찾아내는 공부를 해야 해요. 마치 당연한 것처럼 보이는 사회 모습에 질문을 던지는 것입니다. '이 사회구조는 왜 이런 모습을 보일까? 그 마을은 왜 가난해진 것일까? 왜 계속되는 원조에도 불구하고 가난은 끝나지 않는가?' 이 질문에 대해 답을 찾아내는 것까지가 적정기술인의 과제입니다. 그러니 양질의 질문을 찾는 공부를 해야 하는 것이죠.

> 적정기술을 하는 데 있어 필요한 '마음가짐'은
> 무엇이라고 생각하시나요?

마음속에 '사랑'을 갖는 것이 중요하다고 생각합니다. 세상에는 큰 소리, 듣고 싶은 소리도 있지만, 너무 작고 듣고 싶지 않은 소리도 있어요. 큰 소리에 너무 귀 기울이다 보면 정말 들어야 할 작은 소리를 못 듣게 되죠. 어떤 목사님이 소명은 '내가 잘하는 일'의 직선, 그리고 '내게 들리는 소리'의 직선의 교점이라고 하신 적이 있어요. 그만큼 '내게 어떤 소리가 들리나', '내가 들어야 할 소리는 무엇인가'에 집중하는 것이 중요합니다. 적정기술은 다른 어떤 분야보다도 더 큰 사랑의 마음을 가지고 이러한 작은 소리에 귀 기울여야 하는 분야라고 생각해요.

또 적정기술 일은 100% 팀워크로 이루어집니다. 그래서 다른 사람의 생각과 나의 생각이 다르다 할지라도 포용하고 끌어안는 마음이 필요해요. 그리고 설령 자신이 진행하는 적정기술 프로젝트가 아무런 효과가 없더라도 계속 수정하고 보완하며 낙심하지 않고 감사하는 마음. 이것 또한 중요한 덕목이라고 생각해요.

적정기술 일을 할 때에 가장 큰 어려움은 무엇인가요?
반면, 가장 큰 보람은 무엇인가요?

가장 힘들 때는 제가 아무리 열심히 프로모션 활동을 하고 홍보를 해도, 적정기술의 가치를 아무도 알아주지 않을 때입니다. 하지만 저 같은 사람들의 노력이 이어지면서 사람들이 적정기술에 조금씩 관심을 갖고 기술을, 그저 돈 벌어 주는 수단 이상의 의미로 인식하기 시작하는 것이 저의 가장 짜릿한 재미이면서 보람입니다.

가장 기억에 남으시는 적정기술 프로젝트는 무엇인가요?
왜 가장 기억에 남으시는지, 또 그 과정은 어땠는지 이야기 좀 해 주세요.

무엇보다 지세이버 개선 프로젝트가 가장 기억에 남네요. 지세이버는 간단히 말하면 천막주택에서 사용하는 난로의 열이 오래 유지되도록 하는 기계예요. 이 기계를 개선하다 보니, 발전할 가능성이 엄청나더라고요.

지금은 지세이버로 천막주택 하나만을 데우지만, 온도 차를 이용해서 '열전소자'라는 것을 만들면, 집 자체를 하나의 전기 발전소로 만들 수도 있는 거예요. 그렇게만 된다면 많은 돈을 들여 몽골에 전기 발전소를 지을 필요도 없겠지요. 집집마다 자가 발전소가 있으니까요. 이런 개선 프로젝트들을 통해서 적정기술이 단지 low technology^{적선}가 아니라, 가히 challenge^{도전}구나, 하는 확신을 가질 수 있어 더할 나위 없이 기뻤죠.

　이 외에도 기억에 남는 프로젝트가 몇 개 있어요. 차드에는 앞에서 말한 '건망고 제작'을 중심으로 과거 한국이 시행했던 새마을운동 공동체가 하나 만들어졌어요. 또 에티오피아에 '아다마 공대'라는 대학교가 있는데, 그곳에 신소재과를 설립해 주는 프로젝트를 진행했어요. 서울대학교 이장규 교수님께서 그곳에 총장으로 가 계시죠. 또, 엠아이티^{MIT} 적정기술 학과인 디랩^{D-Lab}에서 제작한 사탕수수 숯 틀을 10배의 효율을 가지는 기계로 개선시킨 프로젝트도 정말 멋진 성과였죠.

> '현지인과의 소통과 협력'이 중요하다고 들었는데, 현지인과 갈등이 생겼던 프로젝트가 있나요? 그때, 어떻게 갈등을 해결하셨나요?

　프로모션 활동을 하던 중, 개발도상국 분들이 벌컥 화를 낸 적이 있어요. 제가 적정기술에 대해 설명하는 것을 듣고, 적정기술을 '남은 것 주는 기술', '적선', '선진국이 후진국에게 주는 것'으로 오해하셨던 거예요. 그래서 제가 설득을 했습니다. 한국은 이제 하고 싶어도 못 하는 게 적정기술이다. 한국은 한국전쟁 후 눈부실 만큼 급성장, 급발전을 했지만 그 발전 과정에서 한국에 적합한 방법을 택하지 않고 무리한 발전만을 했다. 그래서 그 안에서 놓친 여유와 여러 가지 요소로 인해 현재 우리의 삶이 너무나 각박하고 힘들다. 당신들이 적정기술을 통해 적정한 개발을 한다면, 한국의 전철을 밟지 않아도 된다. 이렇게 우리의 진정성을 전달했더니, 조금씩 화를 푸시더라고요. 한국처럼 되라고 하는 게 아니라, 한국보다 더 잘 발전할 수 있도록 도와주려는 우리의 진심이 통한 거죠.

> 국제사회는 적정기술을 어떻게 생각하고 있나요?
> 긍정적으로 생각하고 있나요? 혹은 부정적으로 생각하고 있나요?

예전에는 국가 간의 원조를 생각하면 돈에만 관련된 것으로 생각했어요. 도로, 항만 등 돈을 투자한 기자재를 기부하는 방식이었죠. 하지만 지식을 가르치고 직업의 세계에 눈뜨게 하는 교육이야말로 어떤 부분에서는 보다 효과적인 원조 아닐까요?

반면 부정적인 시각으로는 '적정기술은 한물갔다'는 시각이 있죠. 실제로 미국에서 60, 70년대 반문화적인 히피들에게 적정기술이 관심을 받은 적이 있었어요. 그들에게는 일종의 '기술 반대' 차원이었죠. 어쨌든 적정기술이 주류 기술의 외곽으로 밀려났다가 사라져 버렸다고 말하는 사람들이 많아요. 옛날에 실패했으니, 또 실패할 거라는 거죠. 하지만 저는 그렇게 생각하지 않아요. 앞에서도 말했듯이, 좋은 방향으로 전진하는 모든 기술 안에 적정기술이 흐르고 있어요. 이웃을 섬기는 모든 기술이 적정기술이 될 수 있는 것이죠. 따라서 적정기술은 결코 실패한 기술, 한물간 기술이 아니지요. 오히려 유연하고, 포용적이며, 융합적인 최적의 기술이죠.

교수님이 생각하시기에,
적정기술의 핵심은 무엇인가요?

텍스트text보다는 컨텍스트context다, 라고 말하고 싶어요. '내용'보다는 '문맥'이라는 뜻입니다. 저는 이것이 바로 적정기술의 핵심이라 생각해요. 아까 얘기했듯이, 공학을 하는 사람은 사회, 경제, 정치 안에서 기술을 보고 자기 기술의 적정성을 점검할 수 있는 능력을 키워야 하고, 공학 아닌 다른 분야를 하는 사람은 기술이 자기 분야 안에서 어떠한 음영을 갖게 되는지를 꼭 살펴보아야 해요. 자기의 분야 즉 '내용'이, 다른 분야와 융합될 때 즉 '문맥'과 '상황' 안에서 어떤 의미를 갖게 되는지를 파악하는 것이 적정기술입니다.

특별히 공학자들은 '안 하던 질문'을 던져야 합니다. '내가 이걸 만들면 이 사람의 삶이 어떻게 바뀌지? 이 물건으로 인해 사람들 사이에서 계층은 안 생기나? 누가 누구를 통제하게 되지는 않을까? 누구에게나 고귀한 가치인 자주권에는 어떤 손상이 가지 않을까?' 이런 질문은 대부분의 공학자들이나 사람들이 하지 않는 질문이지만, 해야만 하죠. 또 해결책도 찾아야 하구요. 요약하자면 '텍스트보다 컨텍스트를 생각하며 질문하고, 그 답을 찾아내는 것'이 바로 적정기술의 핵심입니다.

마지막으로,
적정기술을 비전으로 정한 저에게 조언을 하신다면?

조금은 평범한 조언일지 모르지만(웃음), 뭐든지 열심히 해야 하고, 뭐든지 탁월하게 할 수 있어야 해요. 공학이면 공학, 철학이면 철학, 디자인이면 디자인…. 무엇을 하든지 "우와~!" 하게 할 수 있으면 돼요. 현대사회는 '융합의 인재'를 요구하고 있거든요. 적정기술도 융합체이구요.

또 이 이야기를 하나 해 주고 싶었어요. 누구나 자신이 가진, 가질 수 있는, 혹은 가지려 하는 '능력' 곧 '가치'가 있어요. 예를 들면, 의술, 전자 기술, 과학 지식, 예술, 문학 등등. 그러면 그때 당연히 물어야 할 질문은, "어떤 능력 혹은 가치가 좋은 것인가?"이죠. 물론 '좋다'는 것에 대해 나의 생각만을 고집하고, 그것을 남에게 강요하는 것은 조심해야 해요. 하지만 '어떤 것이 좋은 것이야?'라는 물음 자체를 포기해서는 안 되죠.

저는 바로 '적정'이라는 가치가 우리가 찾는 진정 '좋은 것, 좋은 능력, 혹은 좋은 가치'라고 생각해요. 더 나아가 '적정'이라는 개념이 지금 시대정신이 요구하는 가치예요. 진정 '좋은 것'을 찾은 사람들이, 그 개념을 다양한 영역에서 드러나도록 하는 것은 매우 기릴 만한 일인 것 같아요. 그런 의미에서 적정기술 활동은 매우 의미 있는 일 아닐까요? 저는 그렇게 생각합니다. 감사합니다.

이상으로 장수영 교수님과의 인터뷰를 마쳤다. 교수님과의 대화를 통해서 적정기술 프로젝트가 실질적으로 어떻게 이루어지느냐에 대한 정보뿐만 아니라, 따뜻한 심장을 가진 적정기술인으로서 마음에 새겨야 할 귀중한 교훈들까지 얻을 수 있었다. 내가 교수님과 이야기를 나누며 느낀 기쁨과 설렘, 그리고 깨달은 것들이 이 장을 통해서 독자분들께 고스란히 전해졌으면 좋겠다.

3. 산행 중 만난 골짜기

"헤매지 않고 올라가는 길이 어디 있으랴"

맨 처음 적정기술을 만났을 때는 정말 말 그대로 하늘을 날아갈 것 같았다.
"나의 꿈을 찾았다! 음하하하! 이젠 적정기술에 올인하면 되겠군!"
그런데 이것이 끝이 아니었다. 적정기술을 알아가면 알아갈수록
적정기술에 대한 고민이 너무 많이 생기는 것이었다.
하지만 이 고민들이 지금까지 나를 움직여 왔다.
이 고민들을 거치며, 직업으로서 적정기술 일을 한다고 할 때
어쩔 수 없이 마주치는 문제들에 대해 현실적으로 생각해 볼 수 있었다.
또 '적정기술의 이미지를 어떻게 하면 더욱 친근하게 만들어 볼 수 있을까,
적정기술은 앞으로 어떤 방향으로 나아가야 할까' 등등의
애늙은이 같은 고민에도 빠져 볼 수 있었다.
그럴수록 나는 적정기술이 더욱 좋아지는 것을
어떡하겠는가. 여기서는 나의 이 고민들을
나눔으로써 여러분과 공감을 시도하려 한다.

진짜 내 길일까?

이거 보면 이거 하고 싶고, 저거 보면 저거 하고 싶고…. 정말, 딱 내 이야기이다. 심지어 지금도 '우왓, 저 일 하고 싶다!' 하며 유혹에 빠질 때가 정말 많다. 나의 이런 특징은 어릴 때부터 쭉 이어져 온 것이다. 하고 싶은 일이 너무 많았다. 맨 처음에는 환경을 위해 일하는 그린피스 대원이 되고 싶었다. 그다음에는 아픈 동물을 치료해 주는 수의사가 되고 싶었다. 조금 큰 다음에는 만화 그리는 것이 너무 재미있어서 만화가가 되고 싶었다. 또 얼마 지나지 않아 패션 디자인이 너무너무 재미있는 것이다. 그래서 패션 디자이너를 꿈꾸었다. 중학생이 되자 건축을 해 볼까 하는 생각도 들었다.

사실 내 꿈의 변천사는 이것보다 훨씬 삐죽빼죽하다. 정확히 기억이 안 나서 그렇지, 내 꿈을 좌표평면 위에 구현하면 훨씬 더 격렬한 그래프가 그려질 것이다. 어려서부터 하고 싶은 것, 재미있어 보이는 것이 너무 많아 꿈은 획획 바뀌기 일쑤였다. 하지만 중학생이 되었는데도 꿈이 도대체가 좁혀지질 않으니 슬슬 조급해졌다. 내가 좋아하는 것은 확실했다. 디자인이 정말 좋았다. 하지만 디자인 분야도 수백 가지가 넘는데, 도대체 어떤 직업을 가져야 한단 말인가?

그런데 중학교에서의 첫 1년은 내 삶의 목표 자체를 바꾸어 놓았다. 단지 희망 직업이 아닌, '어떻게 살겠다, 누구를 위해 살겠다'는 가치관이 내 안에 어느새 자리 잡아 있음을 느낄 수 있었다. 그 뒤로 나는 '내 재능을 살리면서 힘들어하는 사람들을 도울 수 있는 일은 없을까?'라는 질문에 대한 답을 찾는 데 온 초점을 맞추었다. 이 질문이 언제부터 생겨났는지는 기억이 나지 않는다. 그러나 확실한 것은 중기중이 나의 이러한 낯선 질문을 유발한 미워할 수 없는 장본인이라는 사실이다.

패션디자인은 너무나 멋지고 흥미로운 일이었다. 하지만 이 일이 과연, 사람들을 직접적으로 돕고 싶다는 나의 꿈을 만족시키는가? 확실히 답할 수 없었다. 그러다가, 그러다가, 내가 좋아하는 디자인에 대한 일이면서, 기술의 혜택에서 소외된 사람들을 맘껏 도울 수 있는 일, 적정기술을 만난 것이다. 정말 너무 좋았다. 지금도 너무 좋다. 아니, 사랑한다!

하지만 꿈을 찾은 뒤에도 걱정은 사라지지 않았다. '내가 진짜 이 일을 하고 싶은 것이 맞을까? 이 길이 진짜 내 길이 맞을까?' 하는 의문과 의심이 끊임없이 들었다. 중학교 1학년 때부터 자동차 디자이

너, 작가, 청소년 심리상담가 등 확실한 꿈을 갖고 있는 친구들이 정말 부러웠다. 또 그 꿈에 확실한 진로, 학과가 존재하는 것도 정말 부러웠다. 하지만 적정기술은 조금 달랐다. '적정기술학과'가 있는 것도 아니요, 의사나 학교 선생님과 같이 확실한 직업이 정해져 있는 것도 아니었기에 마냥 막막하기만 했다. 그 때문에 결정은 점점 뒤로 미뤄졌다. 중학교 1학년 때 적정기술을 처음 만났지만, 3학년이 되도록 마음을 결정하지 못한 것이다.

그런데 이런 나의 답답함을 단번에 해결해 주신 분이 바로 장수영 교수님이셨다. 직업 인터뷰 과제로 장수영 교수님을 인터뷰하고 싶어, 포항공과대학교까지 찾아갔다. 교수님을 찾아간 보람이 있었다. "일단 한번 믿고 그 길을 가 봐라. 의심 돼도 가 봐야 알지 않겠니? 세상 모든 일은 잘되면 감사한 것이고, 잘 안 되면 본전인 거야!" 교수님의 호쾌하고 절대 가볍지 않은 답변에 나는 가슴이 뻥 뚫리는 것 같았고, 바로 그날 밤 적정기술을 내 비전으로 삼으리라고 결심했다.

적정기술이 직업이 아니라고?

　의사는 의과대학을 졸업하면 되고, 선생님은 교육대학을 졸업하면 되고, 음악가는 예술대학을 졸업하면 된다. 하지만 '적정기술'이라는 이름을 가진 학과는 세계 어느 대학에도 없다. 처음 이 사실을 알았을 때 나는 적지 않은 충격에 휩싸였다. '그럼 나는 적정기술 일을 못 하는 건가?' 하는 엄청난 상실감까지 들었으니 내가 느낀 충격과 절망감이 어느 정도였는지 알 수 있을 것이다.

　그때는 이 고민을 해결하기 위해 장수영 교수님께 메일도 드려 보고, 적정기술 책도 많이 찾아 읽어 봤다. 나에게는 너무나도 다급한 일이었던 것이다. 이러한 발버둥 끝에 찾아낸 해답은 조금 뜬금없게도, '적정기술은 원래 직업의 경계가 없다'는 것이었다.

　공학자면 공학자, 디자이너면 디자이너, 사회적 기업가면 사회적

기업가 등 어떤 직업을 갖든 상관없이 그 직업을 가진 상태에서 적정기술 프로젝트에 자신을 사용하면 그것이 바로 '적정기술자'가 되는 것이다. 심지어 음악을 하는 사람도 적정기술 프로젝트를 위해 자신의 재능을 사용하면 '적정 음악'을 만들 수 있다.

예를 들어 몽골에서 부모들에게 지세이버 사용법 교육을 하는 동안 아이들에게 신나는 음악 수업을 해 준다면 그것이 바로 '적정 음악'이 되는 것이다. 또 요리사가 그 도시의 가난한 사람들을 위해서 도시락을 제작했는데 주변에서 쉽게 구할 수 있는 재료를 썼다거나 친환경 용기를 사용했다면 그것 또한 '적정 요리'가 아닐까?

적정기술은 '여과기'와도 같다. 이 여과기만 거치면 어떤 직업이든 소외된 이웃들을 위한 정예부대로 뭉쳐진다. 정말이지 너무 멋있다. 어떤 직업을 갖든 적정기술 프로젝트 안에 모두의 역할이 숨어 있으니 말이다. 나도 나의 역할을 열심히 찾는 중이다. 알면 알수록 요놈의 욕심은 사그러들 줄을 모른다. 일단 지금은, 공학설계 아카데미에서 느낀 바대로 공학을 먼저 제대로 배운 후, 디자인과 경영을 배워 일명 '적정기술 능력자'가 되기로 결심해 둔 상태! 나에게 맞는 공학 분야는 계속 찾고 있는데, 요즘은 에너지 분야나 재료공학, 환경공학 쪽이 끌린다. 다시 끝없는 리서치와 희비 엇갈림의 시작인 것인가. 그래도 내 꿈에 점점 가까워지는 이 느낌이 좋다.

적정기술?
그냥 남들 하는 거 해

학교에서 친구들에게, 선생님께 적정기술 이야기를 살짝 꺼내면 "적정기술? 그게 뭐야?" 하며 갸우뚱하는 사람이 대부분이다. 학교나 동네 도서관에도 적정기술에 대한 책이 전무할 정도니….

이토록 좋은 적정기술, 내가 첫눈에 반했던 적정기술을 많은 사람들이 잘 모르는 것 같아 참 섭섭했다. 고등학교에 올라와서 담임 선생님께 "선생님, 적정기술은 말이에요~" 하며 신나게 설명을 드렸다. 한 번도 아니고, 두 번 드렸다. 하지만 선생님은 아직도 그 이름이 귀에 잘 안 익으셨는지 "그… 적합… 적절기술… 뭐였더라~?!" 하신다. 또 화학공학과를 다니고 있는 한 대학생 오빠에게 '적정기술'이라는 단어를 얘기했더니, 처음에는 화학에서 적정 온도, 적정 부피 등을 만들기 위한 기술인 줄 알았다는 것이다. 오, 마이 갓! 척박한 사면초가의 상황이여.

　주변 분들도 많이 걱정하셨다. 그 일을 하면 돈은 벌 수 있냐, 좋은 일 하는 것도 좋지만 이왕이면 고소득 전문직이 낫지 않겠냐 등등. 이럴 때 힘이 되어 준 것은 친구들이었다. 기특한 녀석들! 친구들은 내가 열심히 행사장을 따라다니고 과학 수행평가도 장애인 친구를 위한 깔창 만들기를 하는 것을 보며, 서서히 내 꿈에 관심을 갖기 시작했다. "승연! 너는 장래희망이 뭐기에 이렇게 바쁘게 사냐! 나도 좀 알려 줘!" 하며 다가오는 친구들에게, '드디어 나의 활약이 시작되겠군' 하며 적정기술 이야기를 슬쩍 꺼냈다.

　친구들의 처음 반응은 대개 "이런 분야가 있었어?", "캬~ 진짜 멋진 일이다! 승연이 너, 이런 건 어떻게 알았냐?", "되게 재미있어 보인다"였다. 하지만 적정기술에 대해 조금 더 아는 친구들은 나와 비슷한 고민을 하고 있었다. "그런데, 적정기술에는 첨단기술이 하나도 안 들어가는 거야? 너무 초보적인 기술만 있으니까 재미가 없는 것 같아…" 이런 말을 들을 때면 나도 어떤 이야기를 해야 할지 잘 몰랐다. 나도 한창 답을 찾으려고 몸부림치던 시기였으니까. 그래도 친구들끼리 서로의 꿈을 물어봐 주고, 응원해 주고, 비판도 하는 그 분위기가 나는 참 좋았다.

　여담으로, 용인외고 면접 전날 쉬는 시간에 친한 친구들과 면접 준비를 하고 있었다. 화두는 단연 나의 꿈 적정기술 공학설계 디자이너였다. 어쩌다가 외국인 노동자 이야기가 나와서 그쪽으로 이야기가 흐르고 있었고, 나는 적정기술로 외국인 노동자를 돕겠다는 말을 하고 있었다. 음, 구체적인 방안이 없는데 면접에서 그런 말을 하면 큰일 나는데…. 그런데, 딱 걸렸다. 식당으로 밥을 먹으러 가는데, 평소 우리 파(?)에서 조용하던 한 친구가 나에게 미소를 날리며 날카로운 질문을 던졌다. "그런데 아까 외국인 노동자도 적정기술의 범주에 낄 수 있다고 말씀하셨는데, 구체적으로 어떻게 하겠다는 거죠? 지금까지 그런 예가 있습니까?" 아무 반격을 못 한 채 실실 웃으며 흐물거리고 있는 순간, 그 친구에게서 질문이 하나 더 날아왔다. "그리고 아프리카의 어떤 지역에서, 어떤 문제를 해결하는 적정기술 활동을 할 건지도 하나만 말해 주세요!"

휴우, 식은땀을 뺐던 기억이 난다. 평소에 조용해서 나에게는 큰 관심이 없는 줄 알았는데. 그 친구가 너무 고마웠다. 이렇게 내 꿈에 대해 전폭적인 응원을 하거나, 면접 잘 보라고 엉덩이 한 대 때리는 매력적인 친구들이 있었기에 나는 든든하게 면접장으로 향할 수 있었다.

적정기술이 한물갔다고?

내 안에는 이런 고민이 스멀스멀 자라고 있었다. '적정기술은 사람들 말대로 진짜 한물간 기술이 아닐까? 다시 일어날 수 없는, 이미 비주류가 되어 버린 기술 아닐까?'

실제로 미국에서 1970년대에 적정기술 열풍이 일어났던 적이 있다. 하지만 미국과 구소련의 냉전체제 속에서 그때 당시 '지속가능한 소규모의 기술', '가난한 사람을 돕는 기술'이었던 적정기술은 더 큰 규모의 기술들에 밀려 힘을 잃게 되었다. 그 후에는 히피들의 지지를 받으면서 '현실성 없는 낭만적인 기술'이라고 치부되기까지 했다. 이 때문에 적정기술은 몇십 년 전에 이미 실패했다고 생각해 버리는 사람들이 아직도 외국에는 많다. 유엔UN에도 그런 생각을 갖고 적정기술을 대하는 사람들이 많다는 사실을 알고 깜짝 놀랐다.

처음 이런 말을 들었을 때, 솔직히 말해 나는 많이 실망할 수밖에 없었다. 내가 너무 좋아하는 적정기술을, 많은 사람들이 '한물간 기술'이라 여긴다니. 정말 완벽한 기술인 줄 알았는데 이러한 평가를 받기도 하는구나. 최첨단을 달리고 있는 현대의 눈부신 과학기술에 비교당하며 '후진국에게 선진국이 쓰고 남은 것을 주는 기술', '땜빵 기술' 정도로 생각된다니. 심각하게 고민되었다.

사실 약간 자존심이 상하기도 했다. 적정기술은 정말 비주류 기술, 그저 낭만적인 기술인 걸까? 과연 적정기술에서 내가 할 수 있는 일이 많고 다양하긴 할까? 실망감이 커지고, 자신은 점점 없어졌다. 적정기술의 길목에는 생각보다 많은 사람들의 오해와 고정관념이 자리하고 있었다. 과연 내가 이 장애물넘기를 잘 해낼 수 있을까?

꼭 답을 찾고 싶었다. 적정기술에 대한 걱정이 눈덩이처럼 불어나기 전에 말이다. 나의 본격적인 노력이 시작되었다. 관련 책을 또다시 읽어 댔고, 적정기술 다큐멘터리들도 모두 찾아서 보았다. 적정기

술 행사를 다니며 메모해 둔 적정기술 선배들의 어록도 하나도 빠짐 없이 꼼꼼하게 읽었다. 그 덕분일까. 어느 순간부터 고민할 때마다, 내 의심보다 더 크고 강한 '신념'이 덩달아 떠오르기 시작했다.

그 신념은 바로 '적정기술에도 할 것 많다. 이 세상의 구멍을 메우는 기술이라면 모두 적정기술이라 말할 수 있다. 적정기술은 하나의 뜨거운 선한 흐름이다' 라는 생각이었다. '적정기술에도 큰 도전이 있다!'는 생각 말이다. 이 사실을 깨닫고 싶어서 힘들었던 시간들은 얼마나 막막하고 흐릿했던가. 이제 어느 정도 희망과 동기, 열정을 되찾은 것 같아 너무 다행이다. 내 삶의 첫 번째 도전과제였던 적정기술은 이렇게, 폭풍우를 뚫으며 점점 가까이 내게로 다가왔다.

적정기술이 필요한 곳은 아직도 많다. 최근 들어 수많은 과학자, 디자이너, 기업가들이 적정기술에 많은 관심을 보이고 있다. 연예인 유시윤과 함께 디자이너, 공학자 팀이 아프리카를 방문하는 '인간을 위한 디자인' 프로젝트가 진행되었고, 창의적인 적정기술 대회와 커뮤니티들이 생겨나고 있다. 한물간 기술이 전혀 아니다!

거친 파도 위를 즐겁게 서핑하자

적정기술은 처음에는 큰 빙산의 일부분밖에는 보이지 않는 것 같다. 하지만 좀 더 알고 싶어서 계속 파 내려가다 보면, 처음에는 도저히 상상할 수도 없었던 매력 덩어리들을 발견하게 된다. 이런 발견들이 거듭되면 적정기술에 대한 뜨거운 마음은 점점 달구어진다. 반면, 앞에서와 같은 고민들이 몰려올 때면 어김없이, 애써 피워 놨던 뜨거운 적정기술의 불은 폭삭 사그러든다.

하지만 고민 없는 비전, 고민 없는 여정에 과연 기쁨이 있을까? 똑같은 꿈이라도 대가를 지불할 마음이 없는 건 드림Dream이고, 역경이 있어도 이루어 내려는 건 비전Vision이라는 말을 들은 적이 있다. 내가 적정기술을 처음 만났을 때는 드디어 나에게 딱 맞는 일을 찾았으니 이제 됐다고만 생각했다. 꿈을 찾았으니 이제 내 삶은 순조롭게 펼쳐

지리라고 생각했다. 그랬기 때문에 내 비전을 바라보는 주변의 걱정 어린 시선들과 오해들이 나를 찾아왔을 때, 처음에는 아무 준비도 안 된 상태로 동동거릴 수밖에 없었다.

하지만 이런 고민의 과정은 오히려 내 비전에 대한 신념을 더욱 단단하게 뭉쳐 주었다. 고민이 고개를 들이밀 때면 내가 항상 하는 일은 첫 마음, 첫 열정, 첫 신념을 떠올리는 것이다. 적정기술이라는 선물을 받아들고 뛸듯이 기뻐하던 나의 순수한 첫 환희, 공부해서 남 주기 위해 땀 흘리겠다는 나의 첫 각오.

또 이 적정기술이 울란바토르의 게르 빈민촌을 어떻게 좋게 바꿀지, 또 이곳 말고도 숲을 잃어버린 아이티, 깨끗한 물이 필요한 캄보디아를 어떻게 바꾸어 놓을지 생각하면, 그 원대한 가능성을 생각하면, 도무지 걱정과 고민이 끼어들 틈이 없을 때도 있다. 너무 기대되고 가슴이 막 벅차서다. 아직 적정기술자가 되지도 않았는데 벌써부터 호들갑은! 그러나 이러한 간절함과 기쁨 덕분에 나는 나를 불쑥불쑥 찾아오는 어두운 걱정들을 K.O. 시킬 수 있었다.

내 귀에 들려오는 적정기술에 대한 온갖 부정적인 말들이 차츰 내 귀에서 필터링되기 시작했다. 부정적인 시선까지도 긍정적으로 해석되기 시작했다. 결국에는 온갖 고민들과 '첫 마음'들이 한데 뒤섞여, 처음보다 훨씬 단단한 주먹밥 한 덩이가 되었다. 아주 단단하고 맛있는 적정기술 주먹밥 말이다!

나는 역경이 있어도, 어떤 파도가 날 덮쳐 와도 이 '적정기술'의 꿈을 이루어 낼 것이다. 이 꿈을 드림이 아니라 비전이라 당당히 부를 수 있도록 하겠다고 결심했다. 이 비전 안에서라면 고민도 번민도 마음껏 즐겁게 할 수 있을 것 같다. 내가 지금 겪는, 또 앞으로 수없이 겪을 따가운 파도들은 큰 파도 안에서 뒤섞일 짧은 방해꾼일 뿐이지 않을까.

  진짜 내가 서핑할 파도는 '이웃 섬김'의 파도다. 아무리 고민하고 끙끙대도 사실은 모두 이 '이웃 섬김'이라는 파도 안에서 일어난 일. 그래서 마음껏 번민하고 방황할 수 있다. 쉽지만은 않은 여정이다. 그러나 그 끝에는 가장 자랑스러운 도착점이 반짝이고 있다. 사막화 진행이 누그러든 몽골, 훨씬 개선된 지세이버를 사용하는 게르 주민들, 밤에 태양열 전기로 열심히 공부하는 캄보디아 아이들, 깔끔하게 정비된 세계의 빈민촌들, 사탕수수 외에도 더 다양한 원료로 만들 수 있게 된 숯, 그리고 그 모든 현장 속에서 한 마리 다람쥐마냥 부지런히 뛰어다니는 나의 모습. 세찬 물살에 삐그덕거려도 가고 싶고, 또 갈 수 있는 가장 아름다운 여정, 망설이지 않고 가겠다.

 지식충전소

에너자이저 어록, 탑 5

적정기술이 좋았지만 많은 고민들로 힘들 때, 내 꿈에 대한 확신이 없어지고 열정이 식으려 할 때, 나 혼자서 이 문제들을 해결하기란 정말 어려운 일이었다. 하지만 지금 되돌아보면 그때마다 나를 일으켜 세워 주고, 툭툭 털어 낼 수 있도록 도와준 문장들이 있었다. 나보다 먼저 적정기술에 대해 고민했던 그분들의 솔직 담백한 고백들이, 힘들 때 나를 꽉 붙들어 주었다. 나와 같은 길을 가려는 친구들에게도 힘이 되어 주리라 믿는다!

1
"너만의 definition을 찾아라."
- 경종민 교수님, 적정기술 영 콜로키움 폐회사

살면서 계속 갖고 갈 너만의 definition을, 너의 정의를 찾아라.
'주변 사람을 행복하게 해 주는 사람.'
'어디서나 올바르게 살려고 하는 사람.'
그럼 적정기술을 하고자 하는 사람의 definition은 무엇일까? '올바른 뜻을 품고 어디서나 올바르게 살려고 하는 사람' 아닐까?
적정기술을 하겠다는 사람들은, 적정기술자로서의 definition을 찾기 위해 더욱 노력해야 한다.

경종민 교수님의 이 말씀을 듣기 전까지 '나에 대해 정의를 내린다'는 것은 은근히 쑥스럽기도 하고, 오글거리기도 하고, 부끄럽기도 해서 최대한 피해 보려 했다. 하지만 올바른 뜻을 품고 살기로 작정한 미래의 적정기술인으로서 나를 붙잡아 주고, 나를 채찍질해 주고, 내 삶 속 지표이자 나침반이 되어 줄 나만의 definition은 내 삶에 꼭 필요한 것임을 느꼈다. 나는 지금 적정기술인다운 올곧은 definition을 만들기 위해 열심히 머리를 쥐어 짜내고 있다. 깎이기와 부서지기를 거듭하면서.

2

"기꺼이 자신의 은사와 재능들을 소외된 곳에 심어 꽃피우겠다는 깜찍한 패기가 참 사랑스럽습니다."
— 박은철 교장 선생님, 학교 논문 「따뜻한 기술, 적정기술 이야기」 추천사

저마다 돈과 권력과 명예를 얻어 내는
화려하고 각광받는 자리를 열망하는 요란한 세태 속에
소외된 90%에게 다가가는 따뜻한 소통법을 실천하고 알리는 일이
필생의 소망이라 이야기하는 어리고 가녀린 소녀의 모습에서
예수님이 보였습니다.
그녀는 겨우 10대의 중반에 걸쳐진 나이임에도
놀랄 만한 깊이와 균형을 갖춘 신앙은 물론이거니와
과학, 수학, 음악, 미술, 문학, 외국어….

어느 하나 얕아 보이는 것이 없지요.
그래서 여러 가지 욕심을 부리고 낼 만도 한데
기꺼이 자신의 은사와 재능들을 소외된 곳에 심어 꽃피우겠다는
깜찍한 패기가 참 사랑스럽습니다.

내가 '제2의 아빠'라 부르는, 그분도 나를 '딸'이라 부르시는, 지금은 미국에 가 계신 중기중 전 교장 선생님의 추천사다. 항상 나를 응원해 주시고, 진정한 배움의 즐거움과 섬김의 미학을 삶으로 가르쳐 주신 선생님께서 나의 비전을 아름답고 장한 일이라고 인정해 주신 덕분에, 적정기술을 향한 나의 사랑과 확신은 더욱 굳세졌다.

3

"진정한 의미의 적정기술은 소외된 사람들과 이웃의 관계를 맺는 것이다."
- 경종민 교수님, 적정기술 영 콜로키움 폐회사

인생은 평생 딱 두 가지, 공부와 관계 맺기로 이루어져 있다.
평생 새로운 것을 배우는 것도 중요하지만
이제는 다른 사람들과의 관계 맺기 능력이 정말 중요하게 여겨진다.
이러한 맥락에서 볼 때 적정기술의 진정한 의미는
소외된 사람들과 '이웃'의 관계를 맺는 것이다.

적정기술이 '관계 맺는 것'이라는 접근은 이제껏 한 번도 들어 보지 못했다. 하지만 너무나 기분 좋고, 느낌이 좋은 말이었다. 적정기술은 한 지역 사람들을 위한 제품 하나를 설계하는 것만으로 그들과의 관계가 끝나는 것이 아니라, 그 사람들이 그 제품을 잘 사용하고 있을지, 혹시 고장은 안 났을지 항상 애를 태우며 그리워하고 설레어하는 진정한 '관계 맺기'가 맞기 때문이다. 더 나아가, 적정기술은 그냥 관계가 아닌 '이웃'의 관계를 맺는 기술이다. 이웃들을 위해 내 재능과 시간을 쏟아 부으며 기분 좋은 땀을 흘릴 때 그들과 진정한 이웃의 관계가 맺어지는 것 같다. 이런 '관계 맺기의 기술'이야말로 진정한 의미의 적정기술이 아닐까?

4

"기술이 구매력 가진 사람들만의 울타리를 넘을 때가 왔다.
적정기술이 바로 그 기술이 될 것이다."
- 장수영 교수님, 적정기술 국제컨퍼런스 '지구환경을 위한 적정기술' 초청강연

현재의 세계의 모습은, 절대빈곤층이 결코 참여할 수 없는 게임이라고 할 수 있다.
구매력 가진 사람들만의 리그가 버젓이 존재하는데,
가난한 사람들은 그 리그에 참여할 엄두조차 내지 못하고 있다.
이건 좀 아닌 것 같다.
이제는 빈곤층을 위한 그들만의 리그를 만들어 주어야 하지 않을까.

그들만의 리그 안에서, 열심히 일을 하고 경제적으로 자립하도록 돕는 그들만의 리그를 만들기 위해, 기술도 한 발짝을 같이 내디뎌야 한다. 기술도 동일하게, 구매력 있는 10%만 들어올 수 있는 울타리 안에 다소곳이 앉아 있었다.
하지만 이제 기술이 그 울타리를 과감하게 넘어야 한다.
이 기술이 바로 적정기술이다.
10%를 넘어 90%에게로 달려가는 기술, 바로 적정기술이다.

울타리에 갇혀 있는 기술이라니, 정말 한심하지 않은가? 가난한 사람들이 설 수 있는 무대, 그들을 위한 리그는 없다. 이런 현실은 가히 충격적이었다. 이 충격을 바탕으로 적정기술의 또 다른 이름을 찾았다. 바로 '구매력 없는 사람들이 놀 수 있는 리그를 만드는 기술!' 문제상황의 핵심을 정확하게 꼬집으시는 장수영 교수님의 날카로운 통찰력은 언제나 나를 흥분하게 한다.

5
"나의 가슴을 뛰게 하는 적정기술!"
– 카이스트 청년창업동아리 '섬광'의 김연석

'과학기술자의 임팩트는 사람의 삶의 방식을 바꿀 수 있다는 것' 이라는 말을 어딘가에서 들었다.
그때, 내가 하려고 하는 과학기술이 결코 가볍게 생각해도 될 것이 아님을 알았다.
그때 운명처럼 나는 '사람 중심의 기술'이라고 부르는 적정기술을
발견하게 되었다.
순간, '저 일을 너무 하고 싶다!'는 생각이 들었다.
하지만 내가 기대하던 모습을 적정기술에서 찾아볼 수 없었다.
그러던 중, 한국에서 배운 친환경농업 적정기술로 캄보디아의
식량문제를 해결하는 것이 비전인 캄보디아 친구 반낙을 만났다.
그 친구의 얼굴에서 나는 살아 있는 청년의 표정을 읽었다.
온갖 스트레스와 걱정에 찌든 병든 청년의 모습이 아닌,
진짜 청년의 모습을.
동시에 나는 그의 얼굴에서 '진짜 적정기술'을 보았다.
그 순간 나의 가슴이 다시 뛰기 시작했다.
내 젊은 가슴을 뛰게 하는 적정기술!

표정이 그 호탕한 성격을 말해 주던 카이스트 오빠의 이 진솔한 이야기를 들으며, 나는 이 오빠처럼 적정기술을 진정으로 사랑하는지, 적정기술에 절박하게 매달리고 있는지, 참된 적정기술의 모습에 대한 욕심을 갖고 있는지 돌아보게 되었다. 이 오빠처럼 당당하게 적정기술을 자랑하고 싶고, '적정기술이 내 가슴을 뛰게 한다!'는 건강한 고백 또한 내 것으로 만들고 싶다.

4.
여섯 개의
베이스캠프

"두고두고 힘이 될 지식 충전, 마음 충전!"

어느새 베이스캠프에 다다랐다!
여기까지 오는 동안 잔근육도 어느 정도 생기고,
얼굴에는 생채기도 조금 난 것 같다.
이제는 진짜 베이스캠프에 도착해 진정한 등정을 시작한다.
'눈썹 휘날리는' 여정들 속에서
소중한 인생의 선물들을 무척이나 많이 받았다.
포항과 대전, 서울을 찍는
격렬한 적정기술 여정에 함께해 보자!

열정의 현장,
그 3일간의 기록

　대학생이 될 때까지 기다릴 순 없었다. 하루라도 빨리 그 열정의 현장을 보고 싶었으니까. 해서 내 인생의 멘토이신 장수영 교수님을 졸라 한동대학교에서 열린 '제5회 소외된 90%와 함께하는 공학설계 아카데미'(이하 공학설계 아카데미)에 다녀왔다. 공학설계 아카데미는 한밭대학교 적정기술연구소와 한동대학교 공학교육혁신센터가 시작한 대학생 적정기술 교육 프로그램이다. 개발도상국 또는 제3세계에서 일어나고 있는 문제들을 바탕으로 적정기술 아이디어를 도출해내는 훈련인데 매년 여름방학 기간, 특히 7월 중순 즈음에 대학 캠퍼스에서 3~4일간 진행된다. 선한 아이디어와 뜻있는 열정으로 가득했던 그 2박3일간의 현장으로 여러분을 초대한다!

Day 1   띠동갑 조승연, 캠프장에 뜨다!

11:00 AM

포항 시내에서 차를 타고 양옆에 끝없이 펼쳐져 있는 논밭을 바라보며 30분을 달리니, 허허벌판에 혼자 떡하니 솟아 있는 한동대학교 표지판이 시야에 들어왔다. 응? 꽤 소박한 표지판이네? 드디어 한동대학교에 도착했다. 공학설계 아카데미, 2년 동안 얼마나 갈망해 왔던가.

현지인과 직접 그곳에서 벌어지는 문제에 대해 논의하면서 그 문제를 해결할 적정기술 제품을 디자인하고, 실제 사이즈보다 조금 작은 제품까지 만들어 본다니! 내 마음은 곧 터질 듯 빵빵한 풍선처럼 들뜨기 시작했다. 물론 현지인 도우미분들과 영어로 의사소통이 될지 걱정되기는 했지만. 벌써 차는 한동대학교 공학교육혁신센터 주차장에 도착해 있었다. 장수영 교수님의 "내려라"는 소리가 들리기 무섭게, 나는 차 밖으로 튀어나와 한동대학교의 '기'를 들이마시기 시작했다. 개회식이 다가올수록 내 가슴도 더욱 두근두근, 바빠지기 시작했다.

01:00 PM

아직 캠프 참가자 중에 아는 사람이 없던 나는 교수님과 쓸쓸히 한동대학교 식당에서 밥을 먹고 개회식장으로 향했다. 교수님께서는 가장 재미있어 보이는 주제를 가진 팀에 얼른 들어가 보라고 보채셨다. 가이드북을 펼쳐 들고 과제를 열심히 읽어 보기 시작했다. 으아… 어렵다! 총 15개의 과제가 있었는데, 대표적인 것들만 한번 소개해 보겠다.

에너지
- 바이오매스를 에너지원으로 하는, 조리 혹은 난방을 위한 에너지 장치를 설계하라 (캄보디아 농촌 지역)
- 기존 지세이버의 성능을 뛰어넘는 몽골 천막주택용 축열기를 설계하라 (몽골 울란바토르)

물
- 하천의 물 또는 빗물을 정화하여 식수로 만드는 정수필터를 설계하라(가나)

위생 및 농업
- 키위 등 터지기 쉬운 부드러운 과일을 자동으로 분류, 선별하는 기계를 설계하라 (가나 앙로가Anloga 지역)
- 습한 지역에서 쌀 등 곡물을 신속하게 건조하는 기계를 설계하라(캄보디아)

교육 및 정보통신
- 빈곤지역 개발에 도움이 되는 전자지도 시스템 GIS를 설계하라(캄보디아 농촌 지역)
- 모바일 기기를 활용한 청소년 교육 시스템을 설계하라(문맹률 50% 이상인 지역)

하고 싶은 게 너무 많아 울상을 짓던 나는 결국 'GIS를 설계하라' 과제를 선택했다. 그리고 잽싸게 이 과제를 부여받은 12조 자리에 가서 앉았다.

1분쯤 지났을까, 같은 팀으로 추정되는 대학생 언니오빠들이 하나 둘씩 도착해 내 옆에 앉기 시작했다. 혼자 뻘쭘하게 앉아 있는데, 한

오빠가 계속해서 수다를 시도하는 바람에 얼떨결에 친해졌다. 다른 언니오빠들도 나의 등장에 처음엔 조금 어리둥절해했지만, 금세 친해졌다.

개회식부터 강의라니! 하지만 걱정과는 달리 너무나 달달하고 말랑한 강의가 우리를 기다리고 있었다. 바로, 카이스트 이승섭 교수님의 '나를 위한 적정기술'. 교수님께서는 먼저 자신이 삼성종합기술원 연구원으로 활동하면서 만들었던 한 '입자'에 대한 이야기로 강의를 시작하셨다. "제가 삼성 기술을 위해 만든 그 '입자'는 단지 몇 명에게만 혜택을 줄 테지만, 지세이버 같은 제품을 설계한다면 그 혜택은 수천, 아니 수만 명에게 돌아가지 않을까요?" 백번 맞는 말씀이었다. 이것이 적정기술이 진정으로 '좋은' 기술인 이유이고, 오늘날 세계에 꼭 필요한 이유일 것이다.

마지막으로 교수님은 앞으로 2박3일간 팀원들과 함께 브레인스토밍을 할 때, '무조건 즐기며 소통하라!', '남의 아이디어를 비판하지 말고, 그 위에 하나만 올려놔라!'라는 멋진 조언으로 강의를 마치셨다. 이제는 2박3일간 펼쳐질 적정기술 아이디어와의 씨름도 왠지 험난하지만은 않을, 아니 엄청나게 즐거울 것만 같았다.

02:30 PM

"이제 아이스 브레이킹Ice Breaking 시간을 갖겠습니다!" 진행을 맡으신 한윤식 교수님이 대뜸 외치셨다. 응? 공학설계 아카데미에 오자마자 어색함 깨기 시간을 갖는다니! 하지만, 이틀 동안 무조건 함께 머리를 굴려야 할 팀원들이었기에, 서로 친해질 수 있는 아이스 브레이킹은 필수적이었다. 음, 마음에 드는걸!

우리에게 주어진 과제는 황당 그 자체였다. 20분 안에 화살을 5쌍 만들어서 명중시키는 것! 그래도 이 시간에 가장 많이 친해졌다. 20분 후, 우리는 반쯤 완성된 활과 화살을 들고 강당으로 뛰어갔다. 글쎄, 언니오빠들이 나도 나가서 쏘라고 협박을 하는 것이었다. 울며겨자 먹기로 나가 비틀거리는 한 발을 쐈지만, 빗나갔다. 그러나 우리는 결국 우수상을 타, 마지막 날에 빨간 수건을 받았다는 사실.

07:00 PM

저녁을 먹고 쉬고 있던 우리에게 드.디.어! 실제 과제 수행 명령이 떨어졌다. 얼마나 기다려 온 순간이었던가! 우리에게 주어진 것은 아주 큰 테이블, 포스트잇, 포스트잇을 붙일 판, 그리고 펜이 다였다. 모든 것은 전적으로 우리 팀의 큰 머리 여섯 개, 그리고 우리 팀의 도우미인 캄보디아 청년 Mr. Sokha에게 의지해야 했다. 앞으론 '쏘카'라고 부르겠다.

쏘카의 이야기를 들으면서 내가 얼마나 흥분되고 떨렸는지, 상상도 못 할 것이다. 내 생애 처음으로 현지 사람의 입으로 현지의 문제를 직접 들은 순간, 내 안에서 끓어오르던 그 열정! 이 열정은 내가 적정기술을 처음 알게 된 그 순간에 느꼈던 그것과 이상하리만치 비슷했다.

쏘카는 캄보디아 농촌 지역에 GIS 지도가 얼마나 보급이 안 되어 있는지, 또 GIS 지도가 왜 필요한지에 대해 자세하게 이야기해 주었다. 구글 맵에 들어가 캄보디아를 쳐 보니 수도인 프놈펜 부분에는 학교, 병원 등과 같은 공공시설이나 도로 정보 등이 나타나 있었지만, 농촌 지역에는 그 어떤 정보도 나와 있지 않았다. 농촌 지역 사람들도 지도가 필요하다. 지도에 병원이 안 나와 있어서 병원을 못 찾아가고, 새로 생긴 도로가 어디에 생겼는지 업데이트 되지 않아서 원래 다니던 길로 굳이 먼 길을 돌아가는 상황이 말이 되는가?

또한 캄보디아의 일 년은 건기와 우기로 나누어진다. 특별히 우기 때는 강물이 엄청나게 범람하여 강변 마을들이 피해를 입고, 도로 손실 등도 일어난다. 쏘카는 이런 일에 대비해 GIS 지도에 실시간으로 침수지역이 나타나면 좋겠다고 말해 주었다. 또 농업국가인 캄보디아 사람들의 농사에 도움을 주기 위해, 마을 지도 위에 쌀, 밀 등 재배하는 농작물의 종류를 표시해 보자고 조언했다.

우리는 포스트잇을 적극적으로 사용했다. 새로운 아이디어가 떠오르면 곧바로 포스트잇에 단어를 적어서 화이트보드에 붙였다. 나도 아이디어를 많이 내 보았다. 뭐, 사이드로 가차없이 밀려나는 것도 많았지만 말이다. 그래도 브레인스토밍 자체가 너무 재미있었다!

08:30 PM

하지만 여기서 끝이 아니었다. 이제는 어떤 문제가 생길지도 냉철하게 생각해 보아야 했다. 마치 캄보디아 사람이 된 것처럼, 내가 인형이 되어 '캄보디아'라는 배경 안에 들어간 것처럼 생각해 보니 정말 많은 제약조건들이 나왔다.

먼저 마을당 컴퓨터 수가 너무 적다는 것이었다. 우리의 계산에 따르면 시골 지역에서는 약 만 명당 한 개꼴로 컴퓨터가 있다. 으악~! 이렇게 되면 GIS 지도를 만들어도 그것을 농촌 사람들에게 어떻게 보여 줄 것인가 하는 문제가 생긴다. 마을회관에서 프린트를 하는 방법도 생각해 봤지만 컴퓨터가 부족한 상황에 과연 프린터가 넉넉히 있을 것인가? 인쇄 비용도 만만치 않다. 우리 모두는 앓는 소리를 냈다. 대체 어떻게 이 지도를 농촌 사람들에게 보여 주지?

그때 진행본부의 카랑카랑한 안내방송이 들려왔다. 이크, 잘 시간이 되었다. 해결하지 못한 문제가 덜 싼 똥처럼 찝찝하긴 했으나, 내일을 기약하며 우리 팀은 숙소로 돌아갔다.

Day 2 진정한 머리 짜내기의 시작

09:00 AM

꼬끼오~. 공학설계 아카데미의 둘째 날 아침이 밝았다. 우리 팀 여섯 명 모두 부스스한 모습으로 테이블 주변에 둘러앉았다. 일어나자마자 적정기술 회의라니! 피곤하긴 했지만 내겐 완전히 파라다이스였다. 못 다한 이야기를 나누는 동안 어느새 점심시간이 되었다.

01:30 PM

점심을 먹었다. 이제 우리는 오후에 있을 포스터 프레젠테이션 준비 모드로 돌입했다. 포스터 프레젠테이션은 지금까지 결정된 내용들을 바탕으로 포스터를 제작해, 다른 팀들과 교수님들 앞에서 발표하고 즉석에서 조언을 받는 형식이었다.

점점 좁혀진 우리의 아이디어는 이러했다. 'GIS 프로그램은 다른 국가, 대학, 기업의 재능기부를 통해 개발된다. 개인은 GPS 단말기를 통해 GIS 지도를 볼 수 있게 된다. 지도에 들어갈 정보는 개인이 자유롭게 단말기를 통해 집어넣으면 된다.' 드디어 우리의 거대한 아이디어가 틀을 갖췄다. 하지만 단말기 아이디어가 괜찮을지, 조금 걱정되기는 했다.

이젠 헐레벌떡 포스터를 만들었다. 포스터의 글자는 내가 하나하나 숨을 죽여 가며 썼다. 틀리면 끝장이다! 얼마나 긴장했는지 모른다. 또 다 같이 정신없이 표를 그리고, 벤다이어그램을 그리고, GIS 지도 사진을 붙이다 보니 발표 시간이 되었다. 포스터와 이젤을 조심조심 들고 발표 장소로 달렸다.

05:00 PM

강당에 가니 곳곳에 각 팀 포스터들이 전시되어 있었다. 우리 팀도 얼른 자리를 잡았다. 우리 팀은 명당자리를 보며 침을 흘렸다. 다른 팀의 포스터를 보던 중, 아주 정교한 그래픽 프로그램을 사용해 제품 설계도를 프린트한 팀도 있어 놀랐다. 이것이 공학인 건가? 사실 그때까지도 공학이 무엇을 하는 것인지 잘 몰랐다. 그런데 점점 감이 잡히기 시작했다. 포스터마다 붙어 있는 설계도와 그래픽 자료. 음, 뭔가 되게 멋있었다.

이 포스터 프레젠테이션의 관건은 바로 '현지인 도우미와 튜터 교수님들의 독설 아닌 독설'이었다. 현지인 도우미들은 자기 조의 포스터를 유심히 들여다보며 팀원들의 설명을 들은 후, 실제로 그 아이디어를 도입한다면 어떤 문제점들이 생길지, 어떻게 고쳐야 할지를 조목조목 알려 주었다. 적정기술 프로젝트를 직접 진행하고 많은 사례 또한 접해 보신 교수님들은 필요하다면 신랄한 비판도 아끼지 않으셨다. 물론 뛰어난 아이디어가 나오면 칭찬은 무지막지하게 해 주셨다!

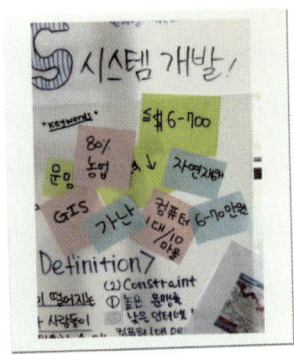

우리 팀은 한 교수님에게 엄청난 지적을 받았는데, 교수님 말씀을 들어 보니 모두 맞는 말이었다. 교수님께서는 우리가 GIS 지도에 넣겠다고 말한 여러 정보들 중 일부는, 농촌 사람들이 이미 오랜 삶의 경험을 통해 자연스럽게 아는 것이기 때문에 굳이 지도에 표시할 필요가 없다고 지적하셨다. 교수님의 지적에 따라 우리는 필요 없는 것은 눈물을 삼키면서 삭제했다. 현지인들을 위해 보다 나은 것을 준비한다는 마음으로.

07:30 PM

저녁을 먹은 후, 우리는 조금 무거워진 마음으로 테이블 주위에 둘러앉았다. 너무 많은 지적을 받았던 탓일까? 하지만 그것도 잠시, 우리는 얼른 원상태로 돌아와 열심히 우리의 아이디어에 대해서 떠들어 대기 시작했다. 아이디어를 정리해 둔 그래프는 볼펜과 형광펜 등으로 수없이 수정되어 도무지 형체를 알아볼 수 없는 상태에 이르렀고, 점점 우리의 아이디어는 최종안을 향해 달려가기 시작했다.

당장 내일 아침이 최종 프레젠테이션이었다. 서둘러 PPT를 제작했다. 청천벽력과도 같은 소식은 모든 PPT는 영어로 제작해야 한다는 것이었다. 순간 멘붕이 왔지만 서둘러 제작을 시작했다. PPT는 나와 포항공대 오빠가 맡았는데, 꽤 잘 만든 것 같다. 괜히 다른 팀의 진전 상황을 염탐도 해 보면서, 중간중간 발표 연습도 하면서 공학설계 아카데미의 밤은 뜨거워져 갔다.

Day 3   드디어 최종 프레젠테이션!

09:00 AM

드디어 마지막 날의 아침이 밝았다. 조금 늦게 도착한 나는 헐레벌

떡 최종 프레젠테이션장으로 달려갔다. 나는 특히 이 시간이 너무너무 기대되었다. 우리 팀도 우리 팀이지만 다른 팀은 어떤 적정기술 제품을 만들었을지 너무나 궁금했기 때문이다. 물 살균기, 모바일 교육 시스템 등의 솔루션은 대체 어떻게 나왔을까? 이렇게 궁금해하는 사이 프레젠테이션이 시작되었다.

역시 스릴 넘치는 시간이었다. 특히 자기 팀이 디자인한 제품을 스티로폼으로 만들어, 실제로 어떻게 작동하는지를 보여 주는 동시에 장치의 효율성을 증명한 팀도 있어 놀라웠다. 터지기 쉬운 과일 선별기를 디자인한 팀이었는데, 아주 단순한 아이디어였지만 과일을 대신한 구슬들이 크기별로 정확히 걸러지는 것이, 정말 창의적인 아이디어라는 생각이 들었다.

심사는 튜터 교수님들께서 하셨다. 교수님들은 우리가 생각하지 못했던 오류들과 약점들을 팀마다 정확하게 지적하셨고, 발표자는 즉석으로 그 질문에 대한 해결책을 말씀드려야 했다. 교수님들의 지적도 탁월했지만, 발표자의 순발력 또한 대단했다. 정말 매순간이 손에 땀을 쥐게 했다. 최종 프레젠테이션은 또 하나의 너무나 훌륭한 공부였다. 다른 팀들의 창의적인 아이디어를 볼 수 있었고, 교수님들의 지적과 대안을 통해 살아 있는 노하우를 얻을 수 있었다.

1차 발표가 끝났다. 최우수상 수상자 세 팀이 뽑혔다. 아쉽게도 우리 팀은 최우수상을 수상하지는 못했다. 그러나! 후회는 없다. 모두들 소외된 90%를 위한 뜨거운 열정을 원동력으로 삼아 길고 긴 회의를 잘 버텨 냈으니까! 우리는 마지막 순서인, 참가자 전체 앞에서 대상 한 팀을 가려내는 프레젠테이션이 열리는 대강당으로 향했다.

10:00 AM

최종 세 팀은 '키위, 토마토 등 터지기 쉬운 과일 선별기' 팀과, '농업용수를 전기 없이 저장, 공급할 관개장치' 팀, 그리고 외국인들로 이루어진 '하천의 물 또는 빗물을 정화하여 식수로 만드는 필터' 팀이었다.

세 팀 모두 많은 사람 앞에서인지라 조금 긴장하긴 했지만, 모두 멋지게 프레젠테이션을 마쳤다. 특별히 '관개장치'를 디자인한 팀은 컴퓨터 그래픽으로 장치 중 하나인 물레방아를 제작해, 실제로 관개장치가 어떻게 작동하는지 애니메이션을 통해 보여 주었다.

'정수 필터' 팀은 실제 크기의 스티로폼 모형을 제작해 설명을 도왔다. 정수 필터뿐만이 아니라 함께 작동하고 영향을 주는 비닐하우스 지붕과 정수 통까지…. 정말 노력이 돋보이는 팀이었다.

발표가 끝나고 교수님들의 지적과 질문이 이어졌다. 객석에서도 질문이 터져 나왔다. 드디어 결과 발표 시간이 되었다. 대상은 '과일 선별기' 팀이었다!! 최우수상은 '관개장치' 팀과 '식수 필터' 팀이 수상했다.

놀라운 것은, 우리 팀이 다른 4팀과 함께 우수상을 수상했다는 사실! 상장을 받으러 나간 우리의 조장 오빠는 무대 위에서 기쁨의 라틴 댄스를 추었고, 200명의 '우~'를 받았다. 이틀 동안 캄보디아 농촌 사람들을 도와 보겠다고 아무것도 없던 것에서 출발한 우리 여섯은, 그렇게 우수상을 수상하며 웃을 수 있었다! 너무 뿌듯했다. 모든 일정이 끝났고, 우리 팀은 서로 번호를 교환하면서 다시 또 만날 것을 기약했다. 다시 생각해도 너무나 고마운 언니오빠들이다.

 드디어, 2박3일간의 공학설계 아카데미의 막이 내렸다. 3일 동안 그렇게 머리를 많이 쥐어 짜낸 적은 이번이 처음이었다. 심지어 시험 기간에도 이 정도는 아니었다. 이렇게 힘든 적도 많았지만, 내가 캠프 기간 동안 숨을 내쉬는 모든 순간마다 느꼈던 짜릿한 재미! 내가 정말 하고 싶은 일을 실습해 보고 있다는, 그 미칠 것 같은 설렘과 재미! 많은 사람들이 나를 도와주고 있다는 그 엄청난 감사함과 재미! 그 재미가 힘듦을 넘어섰기에, 힘든 것쯤은 콧잔등에 내려앉은 날파리 정도로만 여겨졌다.

 특별히 나는 이번 캠프를 통해서 '열정'을 제대로 전염 당했다. 주변에는 온통 적정기술에 대한 열정으로 가득 찬 대학생들과 교수님들뿐이었다. 좋은 아이디어를 내기 위해 밤을 새우고, 그 아이디어를 개선하기 위해 가차 없이 지적하시는 그분들로부터 나는 적정기술에 대한 '열정'을 제대로 전염 당할 수 있었다. 다음에도 꼭 참가해 볼 테다. 이번에는 나의 열정을 누군가에게 전염시키기 위해서!

몽골, 그 현장을 탐하다

몰랐다. 적정기술이 정말 왜 중요한지를, 적정기술이 진정 무엇을 하는 기술인지를. 몽골에 다녀오기 전까지는 몰랐다. 하지만 5월이 피어나자마자 김찬중 박사님과 몽골로 향한 나는 적정기술을 다시 발견하고 왔다. 적정기술이 실제로 한 사람을, 한 마을을, 한 도시를 얼마나 행복하게 흔들어 놓을 수 있는지를, 흙먼지 일어나는 땅 몽골에서 나는 그 가능성을 미리 볼 수 있었다. 몽골은 그렇게 내 마음속 한 송이 소중한 꽃으로 피어났다.

내가 몽골에 가겠다고 결심한 것은 단 하나, '적정기술의 실제 모습'을 단단히 파헤치고 싶어서였다. 한국에서 열심히 적정기술 책도 읽고, 강연도 듣고, 제품을 만들어 보기도 했지만 어딘가가 2% 부족

했다. 앙꼬 없는 찐빵 같은 나날들이었다고나 할까? 그렇게 나는 '현지'에서 진짜로 사용되고 있는 적정기술 제품을 눈으로 보겠노라는 결심을 하게 되었다. 장수영 교수님께 살짝 부탁을 드려 보았다. 그래도 '설마, 되겠어?' 하는 의문으로 하루하루 살아가고 있었는데, 어느 날 장수영 교수님께로부터 연락이 왔다. "승연아, 너 나눔과기술의 김찬중 박사님과 함께 몽골에 가 보지 않을래~?"

몽골, 몽골이라니! 한국 적정기술 제품 1호인 김만갑 교수님의 대작 지세이버가 상용화되고 있는 땅 아닌가? 천막주택인 게르의 난방을 책임지는 지세이버는 한아름에 쏙 들어오는 철가방같이 친근한 첫인상을 갖고 있다. 지세이버를 직접 볼 수 있다니! 정말 하늘이 주신, 너무나 감사한 기회였다. 당장 그러겠다고 답장을 드렸다. 물론 몽골 일정 시 모든 사진 촬영 및 기행문을 써 드린다는 조건부 허락이었다.

여기서 잠깐 김찬중 박사님을 소개하자면, 박사님은 한국 초전도 과학계의 일인자라고 할 수 있다. 현재 한국원자력연구원 초전도연구실장, 한국초전도학회 학술위원장으로 활동하고 계시다. 이뿐이랴? 코이카 과학기술 전문위원, 청소년들에게 초전도와 적정기술을 가르치시는 과학기술앰배서더, 그리고 (사)나눔과기술의 공동대표로 활동하시며 열정적인 적정기술의 삶을 살고 계시다. 이런 분과 몽골 여행을 함께할 수 있다니! 정말 떨 듯이 기뻤다.

시간은 흘러흘러 드디어 출발날 아침이 되었다. 짐을 단단히 챙겨, 인천국제공항으로 향했다. 아니나 다를까, 다리가 매우 긴 김찬중 박사님께서 서 계셨다! 얼른 인사를 드렸다. 박사님께서는 나를 아래위로 훑어보시더니 '뭐야, 이 조그만 녀석은?!' 하는 표정을 지으셨다! 이러한 일종의 시크함이 바로 박사님의 매력이다. 이젠 가야 할 시간, 엄마와 아쉬운 작별 인사를 하고 탑승구로 향했다. 언제나 나의 에너지를 충전해 주는 엄마와의 뜨거운 포옹으로 조금은 긴장된 마음이 눈 녹듯이 사라졌다.

'가면, 지세이버도 직접 보고, 만져도 볼 수 있겠지? 거기서는 꼭 지세이버의 원리를 깨치고 오리라! 또, 무슨 현지인 마을도 간다고 했는데…. 게르를 볼 수 있을까? 아! 맞다, 굿네이버스 사업장 방문 일정 중 게르 빈민촌 방문이 있었지! 사진에서만 보았던 몽골 사람들의 삶의 공간에 내가 직접 서 있을 수 있겠구나! 몽골은 춥다는데… 흙먼지 바람은 셀까? 그래도 기대된다!' 이러한 기대감과 설렘들로 내 머리는 터질 것만 같았다. 적정기술, 특히 환경에 관련된 적정기술이 많이 필요한 몽골. 그곳에서 실제로 진행되고 있는 적정기술 프로젝트들을 엿볼 수 있는 이 기회가 몸서리쳐지도록 흥분되지 않을 수 없었다. 어느새 비행기는 칭기즈칸 공항에 도착해 있었다. 우당탕 쿵쾅, 이제 드디어 시작이다.

이제 곧 등장할 인물들

조승연   똘끼, 도전정신 넘치는 적정기술쟁이 소녀. '진짜 적정기술을 체험해 보리라'는 당찬 결심으로 김찬중 박사님과 함께 몽골 여행길에 올랐다. 그러다가 때아닌 박사님의 딸이자 비서직을 맡게 되었는데, 모두의 예상을 뒤엎고 생각보다 잘 해냈다. 하지만 집에서 새는 바가지 밖에서도 샌다더니, 시차를 생각 안 한 이유로 불쌍한 박사님을 1시간 일찍 깨우는 대형사고를 범하였다. 하지만 적정기술을 대할 때는 누구보다도 진지하며, 이번 몽골 여행을 통해서 무언가 뜨거운 것을 느꼈다고 하는데….

김찬중 박사님   낮에는 순수과학자, 밤에는 적정기술자로 살고 계시는 이 세상 가장 멋진 지킬 앤 하이드. 덜렁이 조승연을 데리고 다니시느라 고생한 기색이 역력하지만, 승연이에게 적정기술과 삶의 가치관 이야기를 해 주실 때는 별빛처럼 눈이 반짝이신다.

홍지혜 간사님   코이카와 함께 몽골 신재생에너지 마을 프로젝트에서 맹활약하고 계시는 미모의 적정기술 대원.

이정호 김현석 오빠   각각 서울대학교와 카이스트를 졸업하고 카이스트 경영대학원, 기계공학대학원에서 맹렬히 공부 중이시다. 그러나 지금은 다름 아닌 이곳, 몽골에서 소외된 이웃을 위한 기술에 젊음을 바치고 있다. 열기 폴폴 나는 게르 안에서 지세이버 온도 실험을 하며, 시꺼먼 연기를 부채질하며, 뙤약볕 아래서 마을 울타리를 심으며…. 그들의 열정과 순수한 마음은 보는 이를 감동시키고도 남는다.

데기 선생님   굿네이버스 게르 빈민촌 방과후학교의 사랑스러운 여 선생님. 원래 굿네이버스 헤드오피스에서 일하고 계셨지만 아이들이 너무나 좋다는 이유로 빈민촌으로 오셨다. 아이들을 부를 때, "내 딸아~!" 하고 부르시는 모습은 조용한 감동을 주었다. 누군가를 사랑하는 그녀의 아름다운 심장은 진정한 백만 불짜리다.

굿네이버스 몽골 지부장님   세계 곳곳에는 굿네이버스 지부가 흩어져 있다. 그중 이곳, 몽골 지부를 담당하고 계시는 지부장님. 헤어질 때 나의 손을 잡으시며 "학생, 끊임없이 노력하여 적정기술 꿈을 꼭 이루길 바라요!" 하시던 응원의 메시지를 잊지 못할 것이다.

몽골 지사장님   굿네이버스 지세이버 사회적 기업 'Good Sharing'의 사장님으로, 지세이버와 지세이버 공장에 대한 열정과 사랑은 누구도 따라갈 자가 없다. 일정 내내 김찬중 박사님 곁에서 지세이버를 배웠다.

Day 1 코이카 사무실
— 몽골의 모래에 뒤덮인 마을들을 구하라!

상기된 목소리가 복도를 통해 두런두런 들렸다. 김찬중 박사님과 함께 무언가에 이끌린 듯 소리가 나는 곳을 향해 발걸음을 옮겼다. 아니나 다를까, 조그만 방에서 적정기술 회의가 열리고 있었다. 적정기술 프로젝트 회의 말이다! 내가 미치도록 좋아하는, 제품의 재료와 기능을 결정하고 적정기술답게 여러 가지를 까다롭게 점검해 보는 그 상황 말이다!!

이 회의는 코이카KOICA, 한국국제협력단와 쿠이스KUIS, 한반도국제대학원대학교가 함께 진행하는 '몽골 환경난민 재정착 프로젝트'의 회의였다. 몽골은 사막화와 물 부족 현상이 너무 심하기 때문에 최근 들어 수도인 울란바토르로 이주하는 인구가 급증하고 있다. 4년 사이 50만 명으로 늘어났다는 사실만 보아도 상황의 심각성을 금세 알 수 있다. 이 환경문제를, 과연 적정기술로 해결할 수 있을까? 기대 반, 의심 반으로 내 머릿속은 가득 찼다.

슬금슬금 들어가니 김찬중 박사님께서 옆에 앉으라고 하셨다. 나는 박사님의 똘똘이 비서! 카메라와 수첩을 챙겨 들고 얼른 박사님 옆자리에 앉았다. 참석하신 분들과 인사를 나눈 후 회의가 시작되었다. 교수님 두 분과 홍지혜 간사님, 김찬중 박사님께서 회의에 참석하셨다. 오우, 기대되는걸. 무엇이든 다 적겠다는 기세로 나는 펜을 꽉 쥐었다.

이 '몽골 환경난민 재정착 프로젝트'는 그 어느 것보다도 몽골에 필요한 적정기술 프로젝트였다. 앞에서 말한 것처럼 몽골은 급속한 사막화 등의 환경문제로 인해 도시로 이주하는 이른바 '환경난민'이 매우 많이 늘어났다. 이들은 일자리를 찾기 위해 도시로 향했지만 꿈을 이루지 못했다. 지금은 도시 외곽에 형성된 거대한 판자촌에서 물과 전기가 매우 부족한 상태로 살고 있다.

환경난민들의 시골 재정착을 돕기 위한 이번 프로젝트야말로 정말 지금 상황에 딱! 맞는 '적정' 프로젝트가 아닐까? 방법은 이렇다. 도시 외곽에 있는 환경난민을 원래 주거지인 초원으로 이주시키되, 그들이 그곳에 안전하게 재정착할 수 있도록 친환경적인 마을을 짓는 것을 돕는 것이다. 그 마을은 신재생에너지 활용 시스템을 기반으로 운영된다. 해바라기씨로 비료 만들기, 지열을 이용한 비닐하우스 제작 등등. 적정기술 아이디어는 역시 멋있다는 생각이 들었다!

그때, 내 귀에 행복한 청천벽력이 들렸다. 바로 '알탕볼락솜' 마을로 직접 가 본다는 것이다! 뭐라고? 2시간 거리란다! 그래도 괜찮다. 나는 너무 기뻐서 카메라를 던져 버릴 뻔했다. 몽골 초원에서는 사람들이 어떻게 살고 있을까? 직접 보고 적정기술 프로젝트를 구상해 보고 싶은 마음이 굴뚝 같았기 때문이다. 다행히 박사님께서 내 흥분을 가라앉혀 주셨다. 5명이 좁은 차에 꽉꽉 끼어 탔다. 40분쯤 달리니 울란바토르 시내는 온데간데없고 끝없는 초록색 초원만이 눈에 들어왔다. 말 그대로, 한 1킬로미터 전방에 보이는 느긋한 소 떼와 온 땅을 뒤덮은 초원, 그리고 유난히 낮은 하늘 빼고는 아무것도 보이지 않았다. 1시간 반쯤 달려 울란바토르에서 보내는 전력선이 끊어지는 지점에 다다랐다. 중간 중간 몽골의 샤머니즘 풍속을 잘 보여 주는 신기한 조형물들도 눈에 띄었다. 흙먼지와 나지막한 언덕들의 조화는 놀랄 정도로 아름다웠다.

별안간 갑자기 엄청난 느낌이 들면서, 차가 격하게 흔들리기 시작했다. 한 번도 경험해 본 적 없는 스릴 넘치는 길이었다. 박사님은 걱정하셨지만, 나는 마냥 신나서 소리를 질러 댔다. 2시간여를 달려 드디어 알탕볼락솜에 도착했지만, 엥? 우리를 반기는 것은 황량한 땅 위의 울타리 하나가 전부였다! 박사님은 "겨우 이걸 보려고 우리가 2시간이나 온 거다" 하면서 장난을 치셨다. 흠… 그래도 괜찮다. 오는 길이 너무 재미있었으니까!

벽돌과 슬레이트로 만든 울타리를 통과하니 재미있는 것이 보였다. 지표면의 황토색 흙과는 전혀 다른 회색의 끈적한 흙더미가 쌓여

우물을 판 흔적. 몽골에서는 110미터는 파야 지하수가 나온다.

있는 것이다. 그렇다, 우물을 판 흔적이었다. 함께 간 분들의 이야기를 들어 보니 며칠 전 몽골에 와 계신 한국분들이 뙤약볕 아래서 이 울타리를 세우고 우물을 파는 바람에 피부색이 재생 불가능한 정도로 까매졌다고 한다.

아무것도 없는 땅 위에 외롭게 서 있는 1킬로미터 길이의 울타리를 보며 참 많은 생각이 들었다. 적정기술은 이렇게 아무것도 없는 곳에 뭔가가 생겨나게 하는 것, 다시 살아나게 하는 것이라는 생각이 들었다. 사막에 마을이 세워지고, 전기가 없는 곳에 전기가 들어오고, 사람들의 메마른 마음에 희망이 채워지고. 적정기술의 또 다른 의미와 가능성을 이곳 알탕볼락솜의 모습을 통해 발견했다. 몇 년 후, 꼭 몽골에 다시 올 것이다. 마을 짓는 일을 도우러!

Day 3 굿네이버스 사무실
― 지세이버를 논하다

엘리베이터 7층에 내리니 '굿네이버스' 로고가 내 눈에 들어왔다. 굿네이버스 몽골 지부 사무실이었던 것이다. 나는 약간 긴장했다. 사무실 내부로 들어가니 직원분들께서 바쁘게 움직이고 계셨다. 한국인 직원들도 계셨지만 몽골 직원들도 계셨다. 벽에는 지세이버와 몽골 아이들 사진이 걸려 있었다. 나는 김찬중 박사님과 새로운 일행인 카이스트 오빠들을 따라 가장 깊숙한 곳에 있는 사무실로 들어갔다.

사무실은 아늑했다. 조금 기다리니 굿네이버스 몽골 지부장님이 등장하셨다. 가뜩이나 긴장하고 있던 나는 그분의 포스에 더욱 얼었다. 지부장님은 굿네이버스에 대한 간단한 소개로 대화를 시작하셨다. 굿네이버스는 처음에, 영농 사업과 북한 지원, 그리고 아동 보호 활동을 중심으로 하는 엔지오NGO로 시작했다. 그러던 중 사회적으로 적정기술에 대한 관심이 높아짐에 따라서 굿네이버스에서도 적극적으로 적정기술 프로젝트를 지원, 적정기술 사회적 사업을 진행하게 되었다. 굿네이버스의 대표적인 적정기술이 차드의 사탕수수 숯과 몽골의 지세이버다.

지부장님은 예전에는 '자선', 즉 '퍼주는' 것이 활동의 전부였다면 적정기술을 알고 나니 '결연'을 통해서 아이들 한 명 한 명과 밀접한 관계를 맺고, 아이들의 건강과 가정환경을 더욱 체계적으로 관리할 수 있는 시스템이 필요함을 느낀다고 하셨다.

대화는 어느새 지세이버의 보급 상태, 지세이버의 디자인 문제, 몽골 정부가 새롭게 보급하기 시작한 터키 난로 등으로 굽이굽이 흘렀다. 그 내용들을 다 적느라 손이 불타는 것 같았지만, 아무렴 어떠랴! 지세이버에 대한 회의를 실시간으로 듣는 것인데. 지부장님은 몽골의 심각한 환경문제 등을 이야기해 우리 적정기술자들의 펄떡대는 심장을 더욱더 자극시켰다. 어느새 시간이 많이 지나 있었다. 회의가 끝나고, 우리는 드디어 울란바토르 외곽의 판자촌으로 향했다.

사랑스러운 아이들과 사랑스러운 선생님
판자촌 방과후교실

판자촌. 북상하는 사막화를 피해 도시로 이주해 왔지만 일자리가 없어 하루하루를 겨우 연명하는 사람들이 사는 곳이다. 형형색색의 판자들. 판자마저도 없으면 자신이 푸른 초원에서 살 때 사용했던 게르 안에서 잔다. 울타리로 자기 집을 둘러야만 몽골 정부가 집으로 인정해 주기 때문에 급히 만든 널빤지 울타리들도 눈에 띄었다. 높은 곳으로 갈수록 못사는 집이다. 말라붙어 뱃가죽을 드러내고 있는 실개천, 그 뱃가죽마저도 빼곡하게 덮어 버린 마을의 쓰레기들. 그 옆을 천진난만하게 걸어 다니고 있는 마을 어린이들. 텔레비전과 책으로만 보던 가난의 환경, 빈곤의 환경이 내 앞에서 펼쳐지고 있었다.

'아, 가난은 정말 이렇게 힘든 것이구나.' 수채화 속에 살던 내게 다가온 큰 충격이었다. '이렇게 사는 사람도 있어! 그런데 너는 무슨 생각으로, 부족함 없는 환경에서, 그렇게 간절함 없이 살았던 거니?' 다그치는 목소리가 내 머릿속에서 자꾸 들렸다. 그 순간, 심하게 덜컹대는 차 안에서 결심했다. 한국에 가면 이분들을 생각하며 모든 순간을 꽉 채워 살겠다고. 지금도 이렇게 고통 받고 힘들어하는 사람들, 하지만 씩씩하게 살아 내는 사람들이 있다는 사실을 기억하며 정말 흐릿하지 않은 분명한 삶을, 대충 대충이 아닌 간절한 삶을 살아야겠다고 결심했다.

생각이 이렇게 정리되었을 때쯤 차는 한 조그만 집 앞에 도착해 있었다. 입구 쪽으로 걸어가자 두 몽골 여자분께서 "셈베노~"하며 밝게 맞아 주셨다. 이 학교의 선생님이셨다! 이곳은 굿네이버스가 세운 판자촌 아이들을 위한 미니 학교. 이 마을의 아이들이 학교 가기 전, 그리고 학교 다녀온 후에 안전한 환경에서 시간을 보내며, 시간을 헛되이 쓰지 않도록 다양한 활동들과 수업들을 진행하는 학교였다. 교실에는 아이들이 신나게 놀고 있었다. 뛰어다니며 소리를 지르며…. 모두들 너무 예쁘고, 내 친구 같았다. 몽골 사람과 한국 사람은 도통 구분하기 힘든데, 그래서인지 몽골 사람들과 더 친근감이 느껴진다.

너무나 해맑은 꾸러기 아이들과 인사를 한 후에 선생님들은 우리 일행에게 책꽂이 가득 꽂혀 있는 파일을 보여 주셨다. 이게 도대체 뭐지? 바로, 이 마을 아이들의 건강을 기록한 개인 파일이었다. 황토색 파일을 하나 꺼내 열어 보니 건강에 대한 정보가 기록되어 있었고 그 아이의 꿈이 아이의 수줍은 글씨로 써져 있었다. 이곳의 데기 선생님께서는 원래 굿네이버스의 본부에 계셨는데 아이들이 너무 좋아서, 아이들을 너무 사랑해서 이렇게 마을로 오신 것이었다. 그분 앞에서 나는 너무나 작게 느껴졌다. 데기 선생님을 만난 시간은 길지 않았으나, 그분이 삶으로 보여 주신 조용한 감동은 지금도 내 마음속 깊은 곳을 받쳐 주고 있다.

지금, 만나러 갑니다
― 게르 방문

우리는 데기 선생님이 사시는 게르로 향했다. 울타리 안에 게르가 하나. 이곳이 선생님이 자라 오신 곳이었다. 울타리 안에 판잣집이 게르와 함께 있으면 그나마 잘사는 것이고, 높은 지대에 있을수록 가난한 것이고, 울타리 안에 게르 하나만 있으면 진짜 가난한 것이라던데…. 선생님이 많이 힘드셨겠구나. 하지만 선생님은 씩씩하게 생활하시며 더 힘든 아이들을 사랑으로 품고 계시다.

게르는 밖에서 볼 때는 정말 작다. 하지만 안에 들어가면 생각했던 것보다 훨씬 높은 천장에 혀를 내두르게 된다. 게르는 칭기즈칸이 그 옛날, 세계 정복을 할 때부터 고안된 것이다. 게르의 디자인은 정말 최고다. 지붕을 밀봉하는 두꺼운 이불, 병사들이 가운데 기둥에 머리

를 두고 원 모양으로 쭈루룩 앉을 수 있는 둥그런 바닥…. 정말 그들의 지혜는 놀라울 따름이다.

몽골의 가정집 풍경은 많이 낯설었다. 낡고 얼룩진 가구들과 식기구들이 눈에 띄었다. 가운데에는 난로와 연통이 있었다. 데기 선생님이 게르의 가옥구조에 대해 간단히 소개해 주셨다. 먼저 몽골은 불교 국가이기 때문에, 가장 안쪽에는 부처상이나 중요한 물건들을 배치한다. 침대는 보통 부처상 왼쪽에 있고, 주방은 오른쪽에 있다. 나이가 드신 분께서 대부분 안쪽에 앉아 계시고, 집주인의 허락 없이 그 안쪽으로 깊이 들어가는 것은 큰 실례다.

선생님의 가족들과 간단하게 인사를 나누었다. 조금 어색했다! 그래도 차를 대접해 주셔서 감사했다. 우유가 섞여야 더 맛있는 전통차였는데, 소금이 많이 들어가서 조금 짰다. 하지만 정성스레 만들어 주신 차이니 예의바르게 다 마셨다. 바닥에서 뒹굴거리며 놀고 있는 아기들은 참 귀여웠다. 유독 아기를 좋아하는 사람들이 있다는데, 오빠들 중 한 사람이 그런 사람이었나 보다. 평소의 모습과는 사뭇 다르게 익살스런 표정도 짓고, 너무 좋아해서 정말 깜짝 놀랐다. 조금은 지저분한 옷을 입고, 지저분한 손을 빨고 있던 아기들! 그 아기들이 데기 선생님처럼 씩씩하게 자랐으면 좋겠다. 아니 그래야만 한다.

그분들께, 지세이버를 사용해 보니 어떤 점이 좋은지 여쭤 보았다. 무슨 답을 하실지 정말 궁금했다. 한국의 모든 언론에서는 지세이버를 사용하는 주민들의 활짝 웃는 표정과 호평이 보도되는데, 실제로는 어떨까? 음, 그분들은 아주 뜨거운 반응을 보이시지는 않았다. 그래서 조금 아쉽기도 했다. 한국에서는 모든 적정기술 프로젝트가 성공담이고 수채화인데, 정말 현지에 정기적으로 가서 현지 사람들의 말을 잘 경청해야 한다는 교훈을 다시금 새겼다. 물론 쉽지 않은 과정임을 잘 안다. 그래도 마음이 편했던 것은, 가족분들께서 "열 오래 가는 것 하나는 정말 좋아졌다"고 말씀하신 것이다. 적정기술을 하면서 느끼는 충만함이 바로 이런 것이겠구나!

  아쉬운 작별 인사를 마치고 우리는 다음 장소로 떠났다. 지금도 빈민촌에서, 추운 게르 안에서, 힘들게 살고 있는 사람들이 있다. 김찬중 박사님의 말씀이 정말 기억에 남는다. "이렇게 힘든 사람들 보고 울고 앉아 있지 마라. 운다고 다 해결되냐? 얼른 일어나서 눈물 닦고, 네가 뭘 할 수 있는지 찾아야지. 그리고 그걸 해야지. 아무 생각 없이 울지 마라. 그 사람들에게도 척박한 삶이지만 나름대로의 행복과 희망이 있다." 내가 그곳에서 눈물을 흘린 것은 아니다. 하지만 '동정에서 그치지 말고 진짜 도우라'는 박사님의 지적은 꼭 새겨야 할 말씀이었다.

지세이버 공장
— 불꽃 튀는 지세이버 개선작업 생생 보고!

  믿기지 않았다. 굿네이버스 홈페이지에서 인터뷰를 하셨던 지세이버 공장의 여자 직원분이 내 앞에서 살아 움직이고 계신다는 사실이.

아직 다 만들어지지 않은 지세이버들이 한쪽에 3층으로 쌓여 있었다. 지세이버를 수직으로 자른 무시무시한 단면이 입을 쩍 벌리고 있었다. 그렇다, 굿네이버스가 설립한 지세이버 사회적기업 공장에 내가 진짜로 온 것이다.

흥분, 흥분! 가라앉히지 못한 채 나는 날쌘 다람쥐처럼 공장을 돌아다녔다. 오빠들과 박사님은 지세이버 뚜껑의 그을음 현상을 유심히 관찰하셨다. 그을음을 보니 열이 어떻게 흘러갔는지, 그 경로가 보였다. 박사님의 부탁으로 완성된 지세이버 하나를 공장 직원이 분해해 보았는데, 박사님의 눈빛이 돌변하셨다. "여기 이 재료, 왜 섞여 있는 건가." 박사님은 당장 창고로 가자고 하셨다.

박사님이 관심을 가지신 것은 바로 지세이버 안에 들어가는 축열물질이었다. 축열물질은 황토볼, 숯 등의 재료로 만드는데, 불을 땔

(좌) 지세이버 공장 옆 창고에는, 지세이버 안에 들어가는 다양한 축열물질들이 포대 안에 쌓여 있다.
(우) 지세이버 후면에 뚫린 구멍을 들여다보면 어떤 축열물질들이 내부를 채우고 있는지 알 수 있다.

때 나오는 열을 머금어 열이 오래가도록 하는 데 핵심적인 공헌을 한다. 박사님은 황토볼과 다른 돌이 왜 섞여 있는지에 의문을 가지셨다. 창고에는 지금껏 만들고 실험해 본 축열물질들이 봉지 가득히 수북이 채워져 있었다. 종류는 대여섯 가지가 되었다. 박사님은 종류별로 재료들을 다 고르셨다. 그리고 우리 모두를 공장 바닥에 앉혀 두시고, 본격적인 실험을 시작하셨다.

별안간 "빡!!!" 하는 소리가 들렸다. 세상에나, 박사님이 그 재료들을 하나하나 깨부수고 계셨다! 뭔가 재미있는 것을 발견했다는 그 귀여우신 표정을 잊을 수가 없다. "내가 원래, 세라미스트였어! 흙을 만지면서 밤을 새웠다고! 적정기술은 말이야, 흙냄새가 나는 기술이야!" 박사님은 깨진 황토볼의 단면을 보고 이 황토볼이 약 몇 도에서 구워졌으며, 얼마의 시간 동안 구워졌는지를 분석하셨다. 다른 재료들을 가지고도 똑같은 과정을 반복하셨다. 이 실험이 끝난 후 박사님

박사님께서 황토볼을 깨시는 장면.
"이거 얼마 안 구웠네.
봐봐, 잘 으깨지잖아~."
호통치는 박사님의 목소리가
들리는 것 같다. 나도 박사님을 따라
깨 보고 있다.

과 오빠들은 각 재료의 비열을 예상하며, 어떤 재료 조합이 가장 열을 오래 보존할 수 있는 조합일까를 진지하게 고민하기 시작하셨다. 너무나 감동하신 나머지 지사장님은 "박사님, 이 순간만을 기다렸습니다!" 하며 박사님께 무릎을 꿇었다!

대부분 무슨 말인지 못 알아들었지만, 나는 박사님과 오빠들 옆에 끼어들어 어떤 작업이 이루어지고 있는지 이해하려고 애썼다. 그 결과 내가 알게 된 사실들은 '비열'이라는 요소가 열 보존에 아주 큰 영향을 미친다는 것과, 재료에 따라서 열효율이 정말 180도 바뀔 수 있다는 것이었다. 박사님은 카이스트 신소재공학과를 졸업하신 만큼 능숙한 솜씨와 예리한 기준으로 숯, 크기가 다른 황토볼들, 여러 종류의 돌들을 비교 분석하셨고, 각각의 비열과 연소도 또한 비교하셨다.

또한 기존의 지세이버는 별다른 이유 없이 황토볼에 돌을 섞어 넣었었는데, 그 조합이 과연 효율적일까? 하고 질문을 던지셨다. 그러고는 박사님이 생각하기에 가장 적합한 조합, 열효율을 극대화시키는 조합을 뽑아 락앤락 통에 넣으셨다. 재료의 비율을 맞추어서 말이다. 어떤 재료는 다른 재료에 비해 아주 적은 양만 들어가도 되어서, 박사님은 그 재료를 가루로 만들어 조그만 종이에 싸 두셨다. 박사님의 전문성이 빛나는 순간이었다.

다음으로 우리는 공장 옆에 있는 실험용 게르로 갔다. 게르는 중심부에 기둥이 있고, 그 옆에 난로와 천장에 뚫린 구멍을 향한 연소관이 있다. 굴뚝이라고 생각하면 된다. 오빠들은 지세이버를 이용하여 난로를 사용할 때 게르 내부의 온도가 어떻게 변화하는지를 측정하기 위해 그 기둥에 접착형 온도계를 부착했다. 오빠들은 내게 그 온도계에 저장된 데이터, 즉 시간에 따른 온도 변화를 그래프로 나타낸 것을 보여 주었다. 한눈에 봐서 잘 이해되지는 않았지만, 정말 공학과 과학 원리가 있어야만 성능이 뛰어나고, 전문성 있는 적정기술 제품을 만들 수 있을 것이라는 확신이 들었다. 그래프를 보면서 비열과 열효율을 척척 분석해 내는 오빠들의 멋진 모습을 나는 침 흘리며 바라보았다.

지세이버 공장을 탐험하면서 나는 '어떻게 됐든 전문성이다!'라는 강한 메시지를 느꼈다. 김찬중 박사님처럼 물건을 구성하는 '재료'에 대한 모든 것을 알고 있는 사람, 기계공학을 전공한 오빠들처럼 '기계의 원리'를 제대로 알고 적용할 수 있는 사람…. 다른 모든 프로젝트들이 다 그렇겠지만, 적정기술은 특별히 자기 분야에서의 전문성 없이는 제대로 설 수 없는 분야임을 깨달았다. 적정기술은 다양한 학문의 콜라보레이션이기 때문에 각 사람은 자기 분야에서 200% 전문성과 프로정신을 발휘하여 양질의 적정기술 제품을 만들 수 있어야 한다.

이런 진지한 이유 외에도 정말 단순한 이유는, 그렇게 프로답게 일을 척척 해 나가는 모습이 얼마나 부러웠는지! 저 모습이 내 모습이면 좋겠다, 좋겠다~ 이렇게 수십 번을 되뇌었다. 꼭 나도 열심히 공부해서, 내 분야! 환경과 공학 분야에서의 전문성을 길러야지. 이렇게 공부에 대한 동기부여를 받는 것, 얼마나 멋진 일인가? 나의 출세

만을 위한 공부가 아니라, 돈과 명예, 남보다 조금 더 유리한 위치를 선점하기 위한 수단으로서의 공부가 아니라, 세상에 이로움을 주기 위하여 공부하는 것. 공부를 위한 최고의 동기 부여라고 생각한다. 이번 몽골 여행에서 정말 감사한 것은, 이렇게 확실한 공부 목표를 찾게 된 것이다.

몽골, 내 삶의 초석

내 마음속에 피어난 한 송이 꽃, 몽골. 몽골이 나에게 준 강한 첫인상에서부터, 떠나는 비행기 안에서 나로 하여금 조금의 눈물을 흘리게 한 것까지 나는 잊지 못할 것이다. 몽골을 떠나는 것이 너무 억울했다. 야속했다. 구름 아래로 다닥다닥 붙은 판자촌들이 보였다. 나는 꼭 다시 올 것이다. 실력과 사랑의 마음으로 똘똘 뭉친 적정기술 공학설계 디자이너가 되어, 몽골의 환경문제를 적정기술로 해결하기 위해 꼭 다시 몽골을 밟을 것이다! 박사님이 차를 타고 이동할 때마다 내게 말씀하신 것이 있다. "창문 열고, 적정기술로 해결해야 하는 문제들을 찾아봐라." 정말 재미있는 작업이었다. 처음에는 막막했지만 눈을 크게 뜨니 나의 심장을 뛰게 하는 장면이 눈에 들어오기 시작했다.

'저기 폐타이어 창고가 있네! 너무 가난해서 연료비가 없는 사람들은 저 폐타이어를 태워 열을 얻는다는데… 온갖 유해물질을 다 마시면서. 그런 용도가 아니라 다른 재활용 자원으로 활용할 수는 없을까?', '울란바토르의 교통문제와 도시 외곽 빈민촌 문제를 해결하는 도시계획 프로젝트가 필요할 것 같다. 교통망을 재정비하고, 도시 외곽 지역도 낙후되지 않도록 정비하는 프로젝트! 특히 그곳에 전기와 식수망을 제대로 보급하는 것!', '몽골은 지하자원의 천국이라는데, 발전가능성이 정말 많군! 그럼 암석을 활용한 적정기술은 어떨까?', '사람 수보다 가축 수가 더 많은 몽골. 가축들의 배설물을 재활용한 신재생에너지를 개발해 보는 것은 어떨까?', '세계에서 인구밀도가 가장 낮은 나라가 몽골이었지. 확실히 건물끼리 다닥다닥 붙은 우리나라와는 확연히 대비되는 도시 모습을 볼 수 있었어! 이런 땅 자원을 적정기술에 활용할 수 있을까?' 하나, 둘씩 이러한 적정기술 아이디어들이 떠올랐다. 반드시, 몽골에 다시 와서 이러한 적정기술 프로젝트들을 해 볼 것이다!

또한 나는 '적정기술을 왜 하는가?'라는 원론적인, 그러나 정말 중요한 질문을 이곳 몽골에서 처음 내 자신에게 던졌고, 나름대로의 답을 찾은 것 같다. 몽골에서 나는 정말 많은 분들을 만났다. 앞에서 소개한 분들 외에도 몽골 학생들을 위한 국제대학과 중고등학교를 지으신 선교사님들과 교수님들을 만났다. 한국에서 풍족한 삶과 안정된 직장을 충분히 누릴 수 있는 능력과 여건이 되는데도, 왜 그분들은 몽골로 오신 것일까? 왜 몽골 학생들을 자기 아들딸처럼 가르치며, 게르 사람들을 위한 난로를 개발하기 위해 게르 안에서 더운 숨을 몰아쉬고, 작열하는 태양과 먼지바람과 싸우며 아무것도 없는 빈

땅에 마을 터를 세우는 걸까? 그분들을 움직이는 힘은 도대체 뭘까?

부끄럽지만 내가 이러한 질문을 던진 것은 몽골에서가 처음이다. 나는 너무나 당연하게도, 그것이 마치 지극히 당연하고 일반적인 일인 것처럼, 누가 누굴 돕는다, 누가 누굴 위해 헌신한다는 말을 들으면 '아, 그렇구나' 한마디가 끝이었다. 온실 같은 환경에서 살면서 누군가의 희생과 포기를 특별하게 생각해 본 적이 없다. 정말 부끄러운 일이다. 하지만 이곳, 몽골에서 처음으로 그런 행동들이 '비정상적으로' 보이기 시작했다. 이것은 좋은 의미의 '비정상' 이다. 도대체 이분들의 마음을 움직인 것은 무엇이었을까? 여행 내내 고민했다.

그리고 다다른 결론은 이것이었다. 그분들은 '나눔과 섬김'의 행복한 참맛을 느낀 행운의 사람들이었던 것이다. 나보다 힘들고, 나보다 조금 가지지 못한 사람들과 나의 것을 함께 나누는 것의 참 기쁨의 맛. 그 맛을 한번 맛본 사람들만이 진정으로 그러한 희생, 헌신, 섬김의 도전을 감행할 수 있다는 것을 나는 느꼈다. 내 것을 조금 포기하고 힘들더라도 그것으로 행복해하는 이웃들의 미소를 그분들은 보신 것이 틀림없다.

'뜻을 세우라'는 말이 있다. 몽골에서 보낸 며칠은 내게 적정기술을 향한 '뜻을 세우도록' 도운 시간이었다. 생생한 적정기술을 눈앞에서 본 경험은 참을 수 없는 가슴 두근거림과 희열을 선사해 주었다. 몽골에서 만난 수많은 사람, 사람들. 수많은 만남들을 통해서 내 안에 '적정기술을 향한 올바른 뜻'이 조용히 심겨지게 되었다. 그것은 바로 '사랑의 마음'이다.

장수영 교수님이 "적정기술자가 꼭 가져야 할 자질은 무엇인가요?"라는 나의 질문에 "적정기술자는 사랑의 마음을 가져야 한다"고 말씀하셨을 때는 생생하게 와 닿지 않았다. 하지만 몽골에서 정말 그 말씀을 온 삶으로 실천하시는 그분들, 이웃들을 위해 열정적으로 뛰어다니시는 분들을 보면서, 나는 그분들을 움직이는 동력원은 단 하나, '사람을 향한 사랑의 마음'임을 확신할 수 있었다. 몽골을 다녀온 후부터 탁월한 실력, 프로정신과 더불어서 사랑의 마음을 고루 갖춘 적정기술자가 되고 싶다는 강한 열망이 내 안에 불타오르게 되었다. 몽골 여행은 진정, 내 적정기술 비전의 든든한 초석이요, 본격적인 발화점이다. 좋다, 뜻을 세웠으니 이제부터 시작이다. 또다시 가슴이 두근거리기 시작한다!

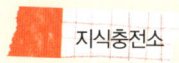 지식충전소

발로 뛰며 그러모은 정보들, 전격 공개!

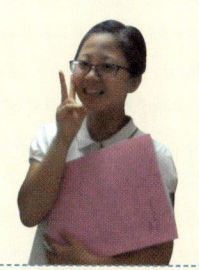

적정기술이 있는 곳이면 어디든지 달려갔다. 그때마다 한 가지를 더 배우며, 한 사람을 더 만나며, 한 주제에 또 푹 빠지기 일쑤였다. 나의 적정기술 비전은 그렇게 자라났다. 이곳에는 중학교 때부터 시작한 다양한 적정기술 활동들, 적정기술 안에서 만난 사람들, 그리고 나의 멈추지 않는 도전 행진을 소개해 보았다. 적정기술에 관심 있는 독자들, 이제부터 관심을 갖게 될 사람들에게 유용한 정보가 되기를 바라며.

적정기술 영 콜로키움

'적정기술 영 콜로키움'은 대학생들, 그리고 마음만은 청년인 사람이면 누구든지 참여하여 적정기술 이슈에 대해 패널 토론의 시간을 갖고, 또 여러 적정기술 프로젝트를 보고하는 적정기술 모임이다. 제1회 적정기술 영 콜로키움은 카이스트에서 2012년 2월에 열렸고, 내가 참가했던 제2회 영 콜로키움은 같은 장소에서 2012년 9월에 열렸다.

적정기술 영 콜로키움은 공학설계 아카데미 못지않게 내가 꼭 참석하고 싶었던 행사였다. 엄청난 양의 적정기술 정보와 노하우가 교류될 그 만남의 장에 결코 빠지고 싶지 않았다. '소외된 이웃을 위한 청년의 꿈, 적정기술.' 이번 행사의 표어였다.

특별히 나는 이번 행사에서 엄청난 도전을 하나 감행했는데, 바로 발표를 한 것이다. 공지사항 맨 아래에 '발표를 원하시는 분은 연락 주세요'라고 조그맣게 쓰여 있는 것을 보고 용기가 솟았다. 하지만 대학생 선배들처럼 전문적인 발표는 못 할 것 같아, '14살, 적정이의 꿈'이라는 주제로 내가 적정기술을 만나게 된 계기와 그 후로 내가 노력한 이야기들, 변하게 된 점들을 진솔하게 이야기했다. 발표 제목은 사실 약간 오글거린다. '적정이의 꿈'이라니.

많이 걱정했고 긴장했지만 다행히도 발표는 무사히 끝났고, 대학생 선배들과 교수님들께서 크게 박수를 쳐 주셨다. 흐음, 나의 존재감을 제대로 알려 드린 것도 같아 뿌듯했다. 깜짝 순서로 나는 첼로 연주도 했다. 'You raise me up'을 연주했는데, 적정기술을 하려고 그 자리에 모인 교수님들과 대학생들을 응원하는 마음을 담아 연주했다.

내 발표의 앞 순서에는 대학생 언니오빠들이 여름방학을 이용해 필리핀 등 현지에 적정기술 프로젝트를 진행하고 온 상황을 보고했다. 에티오피아로 적정기술 공부 여행을 다녀온 팀, 필리핀에서 칫솔 보급 프로젝트를 하고 온 팀, 지세이버 개선 프로젝트를 진행하고 있는 카이스트 적정기술 동아리 아트리움….

특히 나의 눈길을 잡아끈 것은 '지세이버 사업화 프로젝트'에 대한 발표였다. 지세이버를 만드는 것에서 끝나지 않고 굿네이버스와 함께 몽골 현지에 지세이버 제작 공장을 세워 사람들에게 일자리를 제공하는 사회적기업 'G-Sharing'! 정말 멋진 아이디어였다. 누가 팔랑귀 아니랄까 봐, 나는 이 발표를 들은 후 '적정기술 사업화 일도 재미있겠는데!' 하는 생각이 들었다. 이 팔랑귀 증세가 좋은 것인지 나쁜 것인지 모르겠지만 일단 다짐은 그득그득 세워 두는 것이 좋을 것 같다. 3회 콜로키움에도 꼭 참석해야지.

적정기술 국제컨퍼런스

적정기술 국제컨퍼런스는 한국의 적정기술 활동가뿐만 아니라 외국 대학교와 단체에서 활동하는 분들을 초청하여 적정기술 동향에 대한 토론과 문답, 점검의 시간을 갖고, 다양한 주제의 프레젠테이션을 진행하는 규모 있는 적정기술 행사다.

내가 참석한 행사는 2012년 11월, 국경없는과학기술자회 주최로 서울대학교 교수회관에서 열린 제3회 적정기술 국제컨퍼런스였다.

적정기술 영 콜로키움 행사에서 나는 빅뉴스를 들었다. "11월에 큰 놈이 하나 온다"는 것. 그 정체가 바로 '적정기술 국제컨퍼런스' 였던 것이다. 이 행사를 내게 소개해 주신 분은 국경없는과학기술자회의 성숙경 간사님이었다. 두 달 내내 적정기술 국제컨퍼런스를 애타게 기다렸다. 컨퍼런스가 너무나 가고 싶어질 때면 일종의 대리만족으로 성숙경 간사님이 보내 주신 포스터와 행사 일정을 들여다보며 마음을 달랬다.

컨퍼런스의 주제는 '21세기 지구공동체를 위한 적정기술'. 향후 적정기술의 방향은 어떠해야 할지에 대해 고민하고, 현재까지 진행되어 온 한국 적정기술 운동의 장단점을 분석하는 시간이었다. 그 서두를 연 것은 장수영 교수님의 강의 '적정기술은 포스트모던적인가?'였다. '기술은 10%의 울타리를 벗어나 90%에게로 달려가야 한다'는 이야기에 격한 공감이 되었다.

이 발표를 빼놓을 수 없다. 케임브리지 대학교에 재학 중이며, 적정기술 사회적기업 퓨리파이드PurifAid의 수장을 맡고 있는 방글라데시 언니 샤린Shahreen의 발표였다. 열정적 에너지를 맘껏 발산하면서 퓨리파이드를 당당하게 소개하는 모습은 정말 강한 인상을 남겼다. 여기서 잠깐 퓨리파이드를 설명하자면, 수질 오염이 심각한 방글라데시의 물(하천 물, 우물 물, 조리용 물 등)을 정화시키는 제품을 디자인하는 사회적기업이다. 나는 발표가 끝난 후 바로 그녀에게 다가가 인사를 건넸고, 이메일 주소를 교환했다. 언니도 나의 작업(?)을 너무나 기뻐하며, 손까지 꽉 맞잡았다!

또 창조적인 기업인을 양성하는 포항공대의 교육기관, 포스텍 영재기업인교육원 출신의 4명의 청소년들이 발표한 적정기술 아이디어 피오피POP도 잊을 수 없었다. POP는 Power of the Public의 약자로, 일반인으로부터 적정기술 아이디어를 수집하는 기업이라 할 수 있다. 이 팀은 일반인이 제안하는 문제제기나 제품 아이디어가 빛을 보지 못하고 그냥 버려지는 것에 문제의식을 느꼈다고 한다. 그래서 일반인들의 적정기술 아이디어를 수집하여, 그것을 필요로 하는 단체 혹은 적정기술 활동을 진행하는 기업에 전달해 주는 아이디어 뱅크 기업을 기획해 보았다.

사실상, 발명 경진대회가 아니면 일반인들이 자신의 아이디어를 진짜 제품으로 현실화시켜서 현지에 적용할 수 있는 경로는 없다고 봐야 한다. 그런데 이와 같은 연결고리가 있으면 빛을 못 보고 사라지는 아까운 아이디어들이 없을 것이었다. 정말 탁월한 문제의식 아닌가. 너무나 기쁘게도 이제는 나도 이 팀의 회원이 되었다. 포스텍 영재기업인교육원의 적정기술 커뮤니티 와우WAW(We Are The World)의 회원이 된 것이다.

또 엠아이티 디랩MIT D-Lab 학생들의 발표가 있었다. 이 팀은 지금까지 접해 본 적이 없는 전혀 새로운 접근의 적정기술 아이디어를 소개했는데, 바로 '스마트폰 어플리케이션을 이용한 현지 생중계 시스템'! 특정 지역의 마을 모습을 마치 게임 화면처럼 표현하고, 그 위에 그 지역이 필요로 하는 우물의 개수, 닭이나 염소의 마릿수, 특정 적정기술 제품의 개수 등을 알림으로 표시한다. 그러면 어플리케이션의 사용자들은 그 알림들을 보고 후원하고자 하는 물품의 아이콘을 클릭한다. 핸드폰을 통한 현지 생중계를 보고 후원할 수 있게 되는 것이다. 후원한 다음에도 그 마을의 현황을 확인할 수 있다고 했다. 우물은 어디에 지어졌는지, 어디에 농장이 새로 생겼는지 등등. 역시 기대한 대로였다. 나도 대학원 과정에서 꼭 디랩 수업을 들으리라고 결심했다. 휴식 시간에 이 팀의 한국 오빠와 메일 주소를 교환했는데, 너무 재미있으니 꼭 오라고 왕추천을 해 주었다.

포스텍 영재기업인교육원

'포스텍 영재기업인교육원'은 포항공대에서 진행하는 교육 프로그램이다. 마이크로소프트의 빌 게이츠, 구글 창시자인 래리 페이지, 백신 개발자인 안철수와 같은 '기술 기반* 기업인'을 양성하는 것이 이 교육원의 목적이다. 교육원은 매년 11월에 학생을 선발하는데, 대상은 중학교 2학년부터 3학년까지의 학생들이다. 1차로 서류 심사를 거치고, 1차에 합격한 지원자는 2차 선발 캠프에 참가하게 된다. 선발된 교육생들은 학기 중에는 온라인 과제를 수행하고, 방학에는 캠프를 통해 집중 교육을 받는다.

포스텍 영재기업인교육원 선발 소식을 들었을 때는 마침 적정기술 국제컨퍼런스를 통해 '경영'에 대한 관심이 유난히 고조되었던 때였다. 일단 서류 심사를 아슬아슬하게 통과했다. 이제 진짜 문제는 2차 전형인 '캠프'였다.

캠프에서 진행된 첫 번째 면접은 나의 삶을 포스터로 표현한 다음 발표하고, 면접관의 질문에 답하는 '나의 스토리' 면접이었다. 워낙 꿈의 변천사가 많았던지라 흥미진진한 발표를 할 수 있었다. 두 번째 면접은 조금 특별한 형식이었다. 한 방의 학생들끼리 한 주제에 대해서 토론하고, 그 주제에 대해 거꾸로 학생들이 면접관들에게 질문을 하는 '2way 인터뷰'였다. 면접관은 포항공대 교수님들과 실제 기술

*기술 기반 사업이란 전문성 있는 기술을 기업의 상품으로 삼고 경쟁력으로 계발하는 것을 말한다. 구글의 정보통신 기술, 마이크로소프트의 컴퓨터 기술 등을 예로 들 수 있다.

기반 기업인분들이 맡으셨다.

'2way 인터뷰'를 위해 전날 새벽까지 참고자료 준비를 하느라 얼마나 난리를 부렸는지! 공지된 질문 중 'T자형 인재란 무엇인지 설명하시오'라는 질문이 있었는데, 그 T자형 인재에 대한 두둑한 자료를 검색해 놓느라 진땀을 뺐다. 아침에는 화장실 거울 앞에서 면접관 앞인 것처럼 답을 읽어 보기도 했다. 덜덜, 불안한 마음을 안고 면접장에 들어갔지만, 교수님들과 자유롭게 질문하고 토론할 만큼 분위기는 밝았다. 결과는 감사하게도 합격이었다!

나는 이 포스텍 영재기업인교육원 선발을 준비하면서 적정기술에 있어서 '경영'의 역할에 대해 눈뜰 수 있었다. 나는 한 주제가 던져지면 어느 정도 충분히 알았다 하는 느낌이 들 때까지 깊숙이 파며 공부하는 고질적인 습성이 있는데, 당락에 상관없이 '경영'에 대해 양껏 공부할 수 있어 보람이 컸다. 지원서를 한창 쓰고 있던 기간에 앞서 소개한 적정기술 컨퍼런스가 열렸는데, 그곳에서 사회적 보청기 기업 '딜라이트'와 '피오피' 이야기를 들을 때는 적정기술 경영에 대한 힌트를 얻기 위해, 눈에서 정말 빛이 나올 정도로 집중해서 들었다.

그리고 그 발표들을 바탕으로 부족하지만 나만의 적정기술 기업 아이디어도 내 보았다. 현지인이 소규모로 운영하는 기업을 지원하는 큰 기업을 하나 설립한다는 아이디어다. 버려진 텔레비전을 이용해 마을 영화관을 만들어 작은 회사를 운영하고 있는 내 또래 아프리카 아이의 이야기를 적정기술 컨퍼런스에서 들었다. 이처럼 현지인들이 적정기술 제품을 이용하여 소규모 기업을 만들도록 돕는 중앙기업이 있으면 좋겠다는 생각을 했다. 기업 설립 자금을 지원하고, 마케팅 아이디어를 내는 데에 도움을 주고, 정기적으로 현지에 마케팅 담당 직원을 보내어 기업의 상황을 파악한 후 그 개선점을 현지인 씨이오CEO에게 알려 주는 시스템의 기업을 만들겠다는 아이디어를 내 보았다.

선발과정 중 교육원이 던진 만만치 않은 질문들은 나로 하여금 적정기술에 대해 진지하게 고민하고 생각해 볼 수 있게 해 주었다. 예를 들면 이런 질문들이었다. '적정기술이 미래에 나아가야 할 방향에 대해 학생의 의견을 밝히시오.', '현재 적정기술이 처한 가장 큰 문제점은 무엇이며, 그 해결책은 무엇이라고 생각하는가?' 나는 알찬 답을 적기 위해 인터넷의 적정기술 칼럼들, 적정기술 관련 도서들, 그리고 다녔던 행사들의 자료집 등 적정기술에 대한 누군가의 생각이 드러난 부분은 모두 다 찾아 읽어 보며 나의 논리를 한칸 한칸 쌓아 올렸다.

적정기술에 대한 공부, 그 방향과 가능성에 대한 고민, 경영으로 어떻게 확장될 수 있을까 하는 고민을 원없이 했다. 공부하다 드는 딴생각도 적정기술, 선잠에 꾸는 꿈도 '적정기술 시범마을을 짓자!'와 같은 꿈이었을 정도로 적정기술에 빠져 살았다. 조금은 힘들었지만 나의 꿈이 꼭 넘어야 할 계단을 껑충 뛰어넘는 데 반드시 필요했던, 그런 소중한 시간이었다!

툰자 세계청소년환경회의 한국위원회

세상에나, 세상에나~ 유엔의 환경계획, 유넵UNEP(UN Environment Programme)에서 한국인 학생들을 모집한다는 소식을 들었다. 온몸에 전율이 흘렀다. 흥분을 가라앉히고 안내창을 자세히 읽어 보았다. '툰자 세계청소년환경회의 한국위원회 모집'? 이름 한번 참 길군!

알게 된 것을 간단히 요약하자면, 툰자TUNZA는 UN 청소년 장기프로젝트의 하나로서, 스와힐리어로 '배려와 애정으로 대한다'는 뜻이다. 툰자는 매년 환경에 뜻을 품은 학생들을 선발해 영어 환경 잡지 「TUNZA」를 발행하고, 다양한 청소년 환경운동을 진행한다. 또 이번에는 니엔NEAYEN(NorthEast Asia Youth Environment Network)이라는 회의도 진행했는데, 니엔은 몽골, 일본, 한국, 중국 청소년들이 모여 동북아 환경문제에 대해 토론하고 현안을 도출하는 국제회의다.

"툰자 세계청소년환경회의 한국위원회에서 세계 각국의 청소년들과 환경에 대해 이야기할 열정적인 청소년 여러분을 모집합니다." 이 문구를 보는 순간… 환경, 열정 하면 바로 나잖아! 그 순간, 도전해 보기로 마음먹었다.

때는 몽골을 막 다녀왔을 때였다. 울란바토르가 겪고 있는 다양한 환경문제를 눈으로 보며, 언젠가는 이 문제들을 해결해 주는 제품을 설계하겠다는 새로운 꿈, 탱탱한 꿈이 갓 다져진 후였다. 그런데 마침 바로 활동을 할 수 있는 단체가 눈에 들어온 것이다!

지원서는 참신한 질문들로 가득 차 있었다. '지속가능한 개발에 있어 청소년의 역할은 무엇이라고 생각하십니까?', '본인이 환경과 관련하여 활동한 내용을 적어 주십시오.' 나는 지구 환경의 심각성에 눈을 뜨게 해 준 몽골에서의 경험과 다양한 책들을 위주로 이야기를 풀어냈다. 확실히 몽골에 다녀오니 쓸 이야기가 많았다. 지세이버가 환경에 기여하는 기능 이야기, 환경난민과 그들을 위한 신재생에너지 마을 이야기, 빈민촌의 생생한 모습 묘사….

다행히도 1차 합격이었다! 하지만 산 넘어 산이라더니 바로 2차 심사인 전화 면접이 기다리고 있었다. 전화 면접은 처음이어서 많이 긴장했다. 5시와 6시 사이에 전화가 올 것이라는 안내에, 계속 핸드폰을 붙들고, 용인외고 교정을 수놓은 자연을 보며 힐링을 거듭했다. 5시 10분쯤에 02로 시작하는 전화가 걸려 왔고, 인터뷰를 시작했다! 많이 긴장한 탓인지, 어떤 답을 했는지 잘 기억이 나지 않는다. 하지만 계속 자신감 넘치는 목소리 톤을 유지하려고 노력했다. 세상에서 가장 긴 7분이었다. 인터뷰가 끝난 후, 노심초사하며 이틀을 기다린 끝에 내게는 '합격!'이라는 행복한 소식이 당도했다.

이 한국위원회 회원 중에서 또 한 번의 선발을 통과한 사람들은 '툰자 니엔'이라는 지역 회의에 세계 각국의 청소년들과 함께 참석하게 된다. 물론 그것에도 도전해 보려 한다. 툰자 세계청소년환경회의 한국위원회의 회원으로 활동하게 된다면 세계 각국의 환경에 뜻을 품은 청소년들과 네트워크를 쌓아 갈 텐데, 그 안에서 지구 환경을 위한 적정기술을 적극적으로 알리고 확산시켜, 세계적인 환경 적정기술 커뮤니티를 구성하고 싶다.

다양한 기후, 지형, 문화적 배경을 가진 학생들이 모여 있으니 가장 시급하고 심각한 환경문제가 무엇인지를 발견하기 수월하겠지. 각국 학생들의 다양한 의견을 모아 환경문제들을 적정기술로써 해결해 보고 싶다. 최고의 환경적 위기의식과 자각을 갖춘 학생들에게 지구 환경에 기여할 수 있는 친환경 적정기술 문화, 건강한 문화를 확산시키는 동시에, 청소년을 위한 환경 잡지 「툰자」에 글을 기고하여 적정기술이라는 건강한 도전을 심어 주고 싶다.

이제 나의 적정기술 꿈은 환경 분야로 가지를 뻗어 나가고 있다. 언제나 업데이트 되고, 성장하고, 작은 자극에도 금세 좋다고 흥분하는 나의 꿈은 마치 어디로 튈지 모르는 말괄량이 삐삐 같다. 하지만 이것이 바로 내가 지금의 꿈에 만족하지 않고, 계속 새로운 것에 도전하고 뛰어들면서 새로운 살을 덧대는 이유다. 1년 후, 또 대학을 졸업한 후에는 내 꿈은 어떤 모습이 되어 있을까. 또 다른 설렘으로 그 꿈을 마주하려면, 오늘도 도전하는 삶을 살아야겠다. 아자, 아자!

5.
이 길 끝에 성공이 있을까?

"지금 이대로가 좋아"

성공이 뭔지 난 모른다.
그저 꿈을 안고 있는 이 순간이 행복할 뿐.
지금도 내 심장을 울리는 우렁찬 진동들!
길을 떠나면 성장하기 마련인지,
어느새 나는 한 뼘 자라 있다.
그것만으로도 충분하지 않을까?
나를 찾아온 이 꿈을 느끼고, 누리고, 즐겨야지.
그래, 늘 지금처럼.

적정기술과 함께한 3년, 내가 겪은 변화들

꿈을 꾸는 사람은 마침내 그 꿈을 닮아 간다. 우리 뇌에는 무의식적으로 우리 각자의 목표를 향해 모든 행동과 말을 하도록 하는 신기한 장치가 있다고 한다. 좋아하는 사람이 생겼을 때, 모든 것이 자동으로 그 사람에게로 연결되는 경험을 해 본 친구들도 있을 것이다. 날씨 좋은 날이면 그 친구와 함께 걷고 싶고, 좋은 책이 있으면 그 친구에게 제일 먼저 소개해 주고 싶고, 드라마를 봐도 그 친구와 나를 상상하고 말이다. 동일한 원리로 사람이 평생 동안 갈망하는 꿈은 그 사람을 변화시킬 수밖에 없다. 적정기술을 알게 된 지 결코 오래되지 않았지만, 아직 배울 것이 훨씬 더 많지만, 나 또한 이 꿈으로 인해 많은 변화를 겪었다.

먼저, 적정기술은 내 눈이 향하는 곳을 천천히 바꿔 놓았다. 높은 곳만을 바라보던 내 눈이 이제는 기아, 에이즈, 말라리아, 정보 격차, 그리고 난민이 있는 곳을 주목하게 되었다. 책도 그것과 관련된 책을, 신문에서도 관련된 지문을 찾아 읽기 시작했다. 생각도 그곳 사람들의 입장에서 하기 시작했다.

내가 평소에 관심 가졌던 디자인 영역에서도 변화는 일어났다. 예전에는 어떤 물건을 딱 보면 '오, 곡선이 맘에 드는데?', '음, 포스트 모던 양식을 사용했군!' 등등의 생각만 떠올랐다. 하지만 이제는 '이건 이렇게 요렇게 개조하면 할머니 할아버지들이 밀고 다니시기 딱 좋은 걸음 보조기기가 되겠군.', '아니, 이걸 이런 소재로 설계해 놓으면 환자들이 어떻게 사용하라는 거야?' 하는 매우 '적정기술틱'한 생각만이 끊임없이 떠오른다. 마치 '적정기술 안경'을 쓰고 다니는 것 같다.

살면서, 아무리 힘든 상황에 처해 있는 순간이라도 나보다 힘든 사람들을 생각하며 힘을 내고, 오히려 그 사람들을 도우려 하는 자세를 갖는 것보다 더 큰 축복은 없는 것 같다. 적정기술은 나에게 바로 이런 자세를 선물해 주었다. 물론 지금도 훈련 중이다.

사람이 꿈을 품으면 그 꿈을 닮아 간다고 했던가. 그런데 내 생각에 사람이 꿈을 품으면 그 꿈에 대한 집착과 보호본능까지 세트로 갖게 되는 것 같다. 물론 여기서 말하는 집착과 보호본능은 매우 좋은 것이다. 적정기술 꿈을 갖게 되면서 나는 내 꿈에 대한 '자부심'이라는 것을 갖는 매우 멋진 경험을 했다.

때는 바야흐로 작년 11월. 포스텍 영재기업인교육원 선발 캠프에 참여해 면접을 보고 있는 중이었다. 세 명의 면접관들 앞에서 그야말로 속사포처럼 적정기술 이야기를 풀어놓고 있었다. 세 분 모두 멍해지셨던 것 같다. 그런데 갑자기, 그중 한 분이 나의 이야기를 멈추시고 이런 말씀을 하셨다.

"승연 학생, 이야기 잘 들었습니다. 그런데 학생이 말하는 적정기술은 우리 교육원의 취지에 조금 안 맞는다는 생각도 듭니다. 저희 교육원은 첨단기술, 하이테크놀로지를 기반으로 하는 기업가를 양성하는 곳이지요. 또 혹자들은 적정기술이 '선진국이 후진국에게 쓰다 남은 것 주는 기술', '땜빵기술'이라고도 이야기하는데요."

순간, 엄청 당황했다. 누가 그런 상황에서 당황하지 않을 수 있겠는가! 자신의 유일한 무기가 직격탄을 맞았는데. 하지만 나는 웃음을 잃지 않고 그분께 이렇게 말씀드렸다.

"네, 맞습니다. 그렇게 생각하시는 분들도 계십니다. 하지만 적정기술은 어떠한 틀 안에 갇혀 있는 기술이 아닙니다. 적정기술은 그것의 목적인 '소외된 사람들을 돕는' 기술이라면 어떤 기술이든 포용하고 활용할 수 있는 활짝 열린 기술입니다. 따라서 생명공학 기술이나 태양광 발전 기술과 같은 첨단기술도, 그곳에 적정성만 잘 부여한다면 얼마든지 적정기술로 활용될 수 있다고 생각합니다."

그렇다. 돌발성 당황유발성 질문이었던 것이다. 그분은 씩 웃으셨고, 나의 면접은 무사히 끝났다. 결과는 와우, 합격이었다!

합격보다도 내가 더 자랑스러워했던 것은 면접관의 반격에 침착하게 대처한 나의 자세였다. 적정기술을 직접적으로 무시하는 말을 하셨지만 나는 화가 나기는커녕 재미있었다. 내 것, 내가 사랑하는 적정기술을 변호할 때가 드디어 왔구나. 나의 첫 고비구나! 하는 직감과 함께, 평소 내가 적정기술에 대해 고민하면서 내린 나름의 결론을 침착하게 말씀드린 것이다.

그분의 질문을 받던 그 순간, 나는 내 꿈에 대한 강한 보호본능을 느꼈다. 그리고 나의 대답을 말씀드리면서는 내 분야가 될 적정기술에 대한 확고한 신념이 내 안에서 조금은 자리 잡았다는 것을 느꼈다. 비전이 한 사람에게 이와 같은 자부심과 자신감, 책임감을 부여한다는 사실을 그때 처음 알았다. 그렇다면 비전은 얼마나 중요한 것인가. 적정기술이라는 존재를 통해서 소심하던 내가 이제는 내 분야에 대해 아무 부끄러움 없이 당당하게 설명 드리고, 당황유발 질문에도 지혜롭게 대처하는 자부심 강한 적정기술 입문생이 되었다.

마지막으로, 삶의 태도에 대한 변화다. 적정기술자에게는 정말 올곧은 마음과 자세가 필요하다. 현지인에게 최선의 해결책을 주기 위해 모든 것을 그들의 입장에서 생각하는 '역지사지의 자세', 가난하고 약한 사람들을 큰 손과 따뜻한 마음으로 보듬는 '사랑의 마음', 언제나 적정기술에 대해 자신이 품었던 첫 열정을 기억하고 그 젊은 마음을 유지하는 '청년 정신', 팀웍크 중 다른 사람의 의견도 존중하는 '중용의 자세', 그리고 '올바른 뜻을 세우는 것' 등등 적정기술의 성패는 결코 자신의 전문분야에 대한 실력으로 판가름 나는 것이 아니다. 어떤 자세로 임했느냐에 따라 판가름 나는 것이다. 내 주변에는 이렇게 아름답고 올바른 마음가짐으로 적정기술 프로젝트에 참여하는 좋은 분들이 너무 많아 정말 기쁘다.

미래의 적정기술인으로서 나는 앞서 열거한 태도를 삶 속에서 연습하고 있다. 나중에 적정기술인이 되어서 나 자신에게 부끄럽지 않도록 적정기술이 요구하는 마음가짐과, 삶의 자세에 부합하는 사람이 되도록 미리 준비하고 연습하고 있다. 나의 바람에 비해 턱없이 부족한 나의 모습에 실망할 때도 너무나 많지만, 그래도 항상 삶으로 일깨우고 자극을 주시는 '나눔과기술'의 교수님들과 대학생 언니오빠들을 보며 나도 그렇게 살 수 있다는 자신감을 충전받는다.

이처럼 하나의 비전은 사람의 생각을 바꾸고, 성격을 바꾸고, 삶의 방향을 180도 전환시키고, 심지어는 그 사람의 굳어진 삶의 태도까지 바꾼다. 비전이 가져다줄 놀라운 변화를 기대하며, 또 몸으로 느끼며 살고 싶다. 우리 모두 화이팅!

내 꿈은
아직 현재진행형

　나는 중학교 때부터 용인외고에 가고 싶었다. 그것도 경쟁률이 가장 높다는 자연과학 과정으로. 하지만 다른 친구들처럼 경시대회 출전 경험이나 화려한 올림피아드 수상 경력 같은 것도 없는데, 어떻게 면접관들을 반하게 할 수 있을까…. 나는 '내 꿈'을 어필하기로 했다.
　3년간 쌓아 온 나의 적정기술을 향한 노력들과 가히 '질풍노도'였던 진로 설정의 과정을 입학지원서에 빠짐없이 고스란히 담았다. 나의 지원서는 결코 화려한 수상 경력들로 가득 찬 지원서가 아니었다. 오직 내 비전, 적정기술에 대한 내용만이 담백하게 쓰여 있다. 적정기술을 처음 만났을 때의 느낌을 생생하게 묘사하는 것으로 내 자기소개서는 시작된다. 또 3년 동안 이 비전을 위해 나름대로 해 본 노력들을 생생하고 솔직하게 기록했다. 갖가지 행사를 눈썹 휘날리도록 쫓아다닌 일, 중학교 졸업 논문으로 나만의 적정기술 책을 써 보았던 것, 그리고 적정기술에 관련된 책을 읽은 후 새로 결심한 생각 등등. 정말, 내가 적정기술에 3년간 빠져 살면서 모아 둔 경험 재산, 책 재산, 넓은 인맥 네트워크야말로 '조승연'이라는 사람을 가장 확실하게 보여 줄 수 있는 '나만의 스펙, 나만의 스토리'였다. 오직 적정기술만으로 이루어진 지원서. 면접관들에게 나에 대한 도장을 콱 박아 놓지 않았을까?

사실 입학 준비를 하며 나의 전략에 대해 반신반의했고, 자신감을 잃은 적이 한두 번이 아니다. 과연 나의 이 적정기술 꿈을, 그를 위한 나의 노력을 면접관들이 흐뭇하게 보아 줄 것인가? 인정해 줄 것인가? 자랑스럽고 뿌듯한 3년의 기록이었지만 면접이 가까워져 올수록 덜덜 떨리는 것은 어쩔 수 없었다.

하지만 그러면 그럴수록 내 마음에는 또다시 유쾌한 변화가 일었다. 적정기술에 대한 고민을 거듭할수록 이유 모를 믿음이 솟아났던 것과 같이, 이번에는 소위 '똘끼'라는 것이 그 출처를 알 수 없는 자신감과 더불어 고개를 불쑥 내밀기 시작했다. 그 순간부터 면접이 슬슬 기다려졌다. 떨리고 긴장되는 마음보다는 용인외고 면접관들에게 '이런 멋진 일, 뜻있는 일, 떠오르는 일이 있다'는 사실을 보란 듯이 어필하고 싶어 안달이 났다.

배짱의 출처는 단 하나, 꿈에 대한 못 말리는 사랑과 확신이었던 것 같다. 적정기술이라는 꿈이 정말 너무 좋아서, 1차 서류 전형을 합격하고 면접이라도 볼 수 있다는 사실만으로도 나는 정말 너무나도 기뻤다. 하루하루를 흥분으로 가득 채우며 살았다. 이렇게 며칠이 지나고, 드디어 면접 날 아침이 밝았다.

정말 이상한 일이었다. 정말 하나도 안 떨렸다. 면접관들에게 나라는 사람, 그리고 내 비전 적정기술을 보여 줄 수 있다는 사실만으로도 벅차올랐다. 이 기쁨 때문에 면접 직전, 딱 3초간만 떨었다. 하지만 밝게 인사한 후, 최선을 다해 4개의 질문에 답변을 함으로써 면접을 끝냈다. 그러나 이야기는 아직 끝나지 않았다. 내 진짜 똘끼는 모든 문답이 끝난 후 발휘됐다.

"자, 승연 학생, 모든 답변이 끝났습니다. 잘 들었습니다. 그럼 안녕히 가세요~." 나는 공손하게 인사를 하고 자리에서 일어나, 출구로 몇 걸음을 갔다. 그런데 이렇게 끝내기는 너무 아쉬웠다. 나는 몸을 다시 휙~ 돌려 이렇게 소리 질렀다. "저는 아직 다져지지 않은 원석입니다! 이런 저를, 용인외국어고등학교는 세상에서 가장 눈부시게 빛나는 보석으로 제련해 주실 것이라 믿습니다. 그러니 저를 뽑아주세요. 감사합니다!" 면접관 분들은 모두 크게 웃으셨고, 나도 속으로 키득키득 웃으며 면접장을 빠져나왔다.

2012년 11월 28일. 역사 수업은 한 글자도 귀에 들어오지 않았다. 1시간 후면 결과 발표인데 어떻게 집중할 수 있었겠는가! 어찌나 긴장했던지 경미한 호흡 곤란(?) 증세까지 보이는 나를, 짝꿍은 손을 부여잡고 심호흡을 도와주었다. "다 잘될 거야! 조승연 니가 안 되면 누가 되겠냐? 괜찮여~~." 1시간이 지난 후, 내가 그토록 기다린 결과는… 합격이었다! 친구들, 선생님들과 얼싸안고 기뻐했다. 눈물도 찔끔 났다. 이럴 때는 원래 펑펑 울어야 되는 건데, 조금 아깝다.

너무나도 평범하고 부족한 점 많은 내게 용인외고라는 과분한 선물을 안겨 준 것은 무엇이었을까? 토플 점수도, 경시대회 수상 실적도 없고 지역에서 이름을 날리는 유명한 아이도 아니었다. 내가 자랑하고 내세울 것은 단 하나, 나의 꿈뿐이었다. 나의 꿈을 찾으려는 간절한 열망이 정말 나를 꿈과 마주치게 해 주었고, 그 꿈이 내 삶에 대한 간절함과 책임감을 가져다주었으며, 삶에서 정말 중요한 것이 무엇인지 깨닫게 해 주었다.

나는 내가 찾은 삶의 방향대로 살기 위해 열혈노력 중이다. 물론 아직은 많이 부족하지만! 용인외고에서 나의 이러한 노력을, 그 안에 담겨 있던 방황조차 좋은 방향으로 보아 주셔서 정말 감사하다.

막상 겪어 보니 용인외고의 생활은 참 힘든 점이 많다. 부모님과 떨어져 있어야 하는 기숙사 생활도 티는 내지 않지만 은근히 외롭다. 많은 것을 이제는 혼자 결정하게 되니 철도 들지만 아직은 긴장이 된다. 학업적인 면에서도 다른 친구들에 비해 나의 부족한 면이 많이 보인다. 정말 많은 재능을 가진 괴물 같은 친구들도 있다. 그러니 비교든, 좌절이든 아예 안 할 수는 없다.

하지만 나는 지금 이 순간 자체가 너무나 좋다. 나의 꿈을 어필하여 당당하게 들어온 이곳, 나의 적정기술 꿈을 위해서 마음껏 창조적인 시간을 투자하고, 동아리를 만들어 실컷 일을 벌이고, 각자의 분야에서 뛰어난, 정말 멋진 친구며 선배들과 교류할 수 있으니 도무지

게을러질 틈이 없다. 2학년이 되면 적정기술 동아리 490%를 진짜로 만들 계획이다. 490%는 for 90%, 즉 '소외된 90%를 위하여'라는 뜻이다! 그래서 친구들과 적정기술 설계 경진대회에도 나가고, 이공계 교수님들을 초빙하여 적정기술 강연도 듣고, 교내 적정기술 행사도 마구마구 열어 볼 생각이다. 벌써부터 흥분되는 이 심장!! 적정기술을 향해 펄떡대고 있는 이 심장! 지금 이 순간도 뛰고 있는 이 심장. 열정 하나로 살고 있는 이 순간이 너무 좋다. 그저, 이 순간 자체가 너무 행복하고 감사하다. 나를 찾아온 원대한 비전을 원동력으로 하루하루를 살아가고 싶다.

적정기술아, 정말 고맙다.

에필로그

다시, 나는 새로운 시작 지점에 서 있다. 길었다면 길고, 짧다면 짧았을 나의 이야기들을 마치고, 다시 새로운 흔적들을 남기기 위해. 더 굴곡지겠지만 그만큼 더욱 아름다울 이야기를 써 내려가기 위해, 나는 '진짜 출발'을 시작하려 한다. '적정기술' 한 단어에 그렇게 설레하고 가슴 뛰던 지금까지의 내 심장은 그대로 간직한 채, 이 책 속 나의 이야기들이 결코 여기서 끝이 아닐 것을 믿으며.

이 책을 쓰면서 꿈이 있는 삶이 얼마나 행복한 삶인지, 성실한 삶인지 깨닫게 되었다. 한 사람을 울게도 만들고 기뻐 춤추게도 만드는 꿈은 이 세상에 태어난 소중한 나를 위한 선물이자 예의이다. 나는 다소 어린 나이에 나의 꿈, 적정기술을 만나게 되었다. 참 감사한 일이다. 그만큼 나는 내 꿈을 놓치지 않고, 방치해 두지 않고 끊임없이 키웠다. 밥을 주고, 물을 주고, 운동도 시켰다. 달리지 않고 자꾸만 멈춰 서려는 말의 엉덩이를 호되게 때리듯, 내 꿈의 품을 그렇게 넓히고 넓히고 또 넓혔다. 새로운 도전으로 꿈을 자꾸만 콕콕 찔러 댔다. 책을 쓰며, 사진 앨범을 펴 보듯 꿈과 나의 동행을 되돌아보았다. 내가 이렇게까지 한 이유는 단 하나, 꿈은 그 무엇보다도 귀한 '인생의 동반자'이기 때문이었다.

  이 책을 읽는 친구들이 자기만의 '동반자'를 꼭 만나고, 그 안에서 행복했으면 좋겠다. 꼭 그랬으면 좋겠다.

  감사할 분들이 참 많다. 먼저 이렇게 가치 있는 꿈을 찾고, 그 꿈에 완전히 압도되어 그 꿈에 지배당하며 살도록 모든 순간과 상황을 통해 나를 이끌어 준 중앙기독중학교에 감사 드린다. 중기중 선생님들은 정녕, 당신들의 삶 자체만으로도 인생 수업이 되는 진정한 '선생님'이셨다. 어떻게 세상에 도움이 될 수 있을지에 대한 고민을 하게 하시고, 섬김의 바탕인 겸손한 마음을 훈련시키신 선생님들. 내가 어떤 길로 가든 언제까지 기다려 주신, 온 마음으로 지지해 주신 인생의 선배님들이기도 하다. 중기중에서의 3년은 마치 번데기 속에서 꿈틀거리며 나비의 생을 준비하는 애벌레처럼 세상으로 나갈 준비, 빛과 소금이 되어 나의 꿈으로 세상이 두근대게 할 준비를 했던 보배로운 시간이었다. 한 분, 한 분 열거하진 못해도 모든 선생님들께 진심으로 감사 드린다.

  또한 지금은 미국에 가 계신, 나의 '학교 아빠' 박은철 교장 선생님께 깊은 사랑과 감사를 드린다. 언제나 그곳 그 자리에서, 어떤 이야기든지 들어 주실 준비가 되어 계셨던 교장 선생님. 그분이 계셨기에 나는 실패를 두려워하지 않을 수 있었고, 실패하더라도 금방 독수리 같은 새 힘으로 일어날 수 있었다. 과감하게 망치기도 하면서, 성공했을 때보다 더욱 큰 교훈들을 얻었다. 옛 선인들의 자취가 진하게 풍기는 어록들을 통해 학문의 참 즐거움을 깨닫게 하시고, 그러한 공부를 통해 바른 꿈에 점점 가까이 다가서게 하신 교장 선생님은 나의 진정한 은사이시다.

그리고 내가 가장 사랑하는 내 삶의 중심, 가족에게 말로 다 형언할 수 없는 사랑과 감사를 전한다. '돈을 많이 벌 수 있다'도 아니었다. '안정적인 직장이다' 또한 아니었다. 오직 '내게 주어진 재능으로 세상을 섬길 수 있다' 하나였다. 하지만 그 이유 하나만으로 처음 그 순간부터 내 꿈을 한 번도 의심하지 않으신, 그리고 그 꿈이 그릴 자취를 나와 꼭 똑같이 기대하신 부모님이셨다. 그분들의 지지가 아니었다면, 지금의 나는 이곳에 없었을지도 모른다. 또 언제나 밝게 웃는 얼굴로, 하지만 그 이면에 내재된 똘끼로 나를 항상 '해피' 상태로 만드는 동생 서연이를 위해서도 뽀뽀를 저장해 둔다. 그럴 일은 없겠으나, 다시 태어나도 이 가족의 첫딸로 태어나고 싶을 정도로 내게 소중한 우리 가족. 이제는 우리 가족의 진정한 기쁨이 되기 위해 온 맘 다해 노력할 것이다.

이 모든 일의 시작이 되신 이분을 빼놓을 수 없다. 내 삶을 바꾸어 놓을 큰 울림을 주신 분. 내 삶에 새로운 창문을 활짝 열어, 따스한 아침햇살 같은 시작을 가능케 하신 분. 내 인생의 멘토, 장수영 교수님께 진심으로, 마음과 정성을 다해 감사 드린다. 적정기술을 하겠다고 온갖 난리를 부리는 쪼그만 중학생을 그토록 정성으로, 열정으로 도와주신 교수님의 모습은 정말 감동이었다. 나도 교수님처럼 나의 모든 것을 전해 주고, 삶의 올곧은 기둥이 되어 주고, 잠든 열정을 깨우는 한 사람의 멘토가 되고 싶다.

또 끊임없는 응원으로 나를 성장시키신 (사)나눔과기술의 가족분들에게 감사를 전한다. 영 콜로키움 때 내가 발표를 할 수 있도록 허락해 주시고, 공학설계 아카데미에 참석할 수 있도록 해 주신 것은 내 안에 숨쉬고 있는, 적정기술을 향한 순수한 열정을 보셨기 때문이 아닐까. 쉬지 않고 적정기술의 대중화와 한국 적정기술 운동의 발전을 위해 노력하시는 (사)나눔과기술의 모든 분들께 깊은 존경의 마음을 드린다. 특별히 몽골에서의 4박5일을 함께하며, 내 삶의 매우 중요한 시간을 동행해 주신 김찬중 박사님께 진심으로 감사 드린다. 말괄량이인 나를 몽골에서 데리고 다니신 것만으로도 감사한데, 박사님께서는 틈만 나면 내게 적정기술자가 갖춰야 할 삶의 태도에 대해 이야기해 주셨고, 삶으로 배운 교훈들을 전해 주셨다. 박사님, 정말 사랑하고 감사합니다!

마지막으로, 서툰 나의 첫 책을 위해 애써 주시고 응원해 주신 뜨인돌 식구분들께 사랑과 감사를 듬뿍 드린다!

적정기술이 나의 심장을 뛰게 한다. 다시 한 번 말하지만, 지금부터가 진짜 시작이다. 이제는 적정기술이 만드는 내 심장 박동에 몸을 맡기며, 누구보다도 큰 열정으로 본격적인 적정기술 활동에 시동을 걸어 보려 한다. 적정기술이 만드는 열정, 그리고 그 열정으로 사는 나! 이 열정으로 세상의 소외된 곳에 정말 아름다운 불도장을, 훈장을 꾸욱 남기고 싶다. 일단 내가 찜해 둔 곳은 캄보디아와 몽골! 이름만 생각해도 가슴이 뛰는 나라들이다. 이렇게, 세상의 어려운 이웃들을 위한 나의 꿈은, 심장 박동은 결코 멈추지 않을 것이다. 다시 한번, 적정기술이 나의 심장을 뛰게 한다! 조승연, 화이팅!

적정기술 단체를 소개합니다

(사)나눔과기술(Sharing & Technology Inc., STI)
뜻있는 국내 과학기술인들의 따뜻한 집합체. 어려운 이웃을 보듬는 적정기술을 개발하고 보급하며, 나눔이 담긴 과학기술 문화를 지향한다. 2009년 설립된 이후로 '소외된 이웃을 위한 창의적 공학설계 경진대회', '소외된 90%를 위한 공학설계 아카데미'와 같은 적정기술 교육 프로젝트를 추진해 오고 있다. 또한 특허청 다자 협력팀, '굿네이버스'와 공동 프로젝트로 '차드 사탕수수 숯과 망고 건조기 개발' 프로젝트를 추진했다. www.stiweb.org

---

국경없는과학기술자회(Scientists and Engineers Without Borders, SEWB)
'국경없는과학기술자회'는 빈곤 국가에서 필요로 하는 기술인 '필요기술'을 발굴해, 그 기술들의 연구개발을 집중적으로 추진한다. '필요기술'에는 물의 정수와 위생적인 저장시설 개발, 가축의 분뇨 활용(퇴비, 에너지, 바이오매스 등), 쓰레기 처리 기술 등이 있다. www.sewb.org

---

굿네이버스
지금으로부터 무려 20여년 전인 1991년에 설립된 국제구호개발 엔지오이다. 주로 아동 교육 프로젝트를 추진하여 빈곤과 아동노동 등으로 교육의 기회를 박탈당한 어린이들에게 교육을 제공하고, 미취학 아동들을 대상으로 어린이집을 운영하고 있다. 2010년에는 김만갑 교수와 함께 몽골의 천막주택인 '게르'에서 사용하는 난방축열기 '지세이버'를 제작했다. www.goodneighbors.kr

MIT D-LAP

MIT에는 에이미 스미스Amy Smith 교수가 지도하는 적정기술 클래스, D-Lab이 있다. 강의실에서만 적정기술을 배우는 것이 아니라 직접 현지에 가서 적정기술 제품을 설계하고, 현지에 적용시켜 보고, 사업화까지 진행시키는 리얼 다큐 적정기술 강좌다. 원한다면 홈페이지(http://d-lab.mit.edu/)와 facebook을 들락거려 정보를 얻을 수 있다.

KickStart

킥스타트는 적정기술 제품 디자인과 사업을 집중적으로 추진하는 적정기술 단체이다. 혁신적인 적정기술 개발과 사업을 통해 현재까지 약 97,500개의 새로운 비즈니스 모델이 창조되었다. 킥스타트의 대표적인 적정기술 제품으로는 머니메이커 펌프가 있다.

IDE(International Development Enterprise)

세계적인 적정기술 운동가인 폴 폴락이 설립한 적정기술 단체다. IDE는 '빈곤으로부터의 자립', 즉 적정기술 제품을 디자인하는 것을 넘어서, 그 제품을 통해 현지인이 스스로 수익을 창출할 수 있도록 하는 것을 목표로 삼고 있다.

사진을 제공해 주셨습니다.
53p : 대나무+님나무 칫솔. 케어스틱 프로젝트(구경완, 성소라) 제공
64p, 앞표지 : 『나는 희망을 던진다』(뜨인돌). 월드비전 제공
102p, 뒤표지 : 라이프 스트로. 『소외된 90%를 위한 디자인』 표지. 에딧더월드 제공
113p : (좌) 흙벽돌. 굿네이버스 차드 지부 제공. (우) 블루스토브. 기아대책 제공
114p : 한동대 GEP 제공
뒤표지 : 큐드럼. LG 글로벌 챌린저(구경완, 류이든, 심유경, 홍혜진) 제공